KB176941

법철학

첫 단 추 시 리 즈

법철학

레이먼드 웍스 지음

박석훈 옮김

교유서가

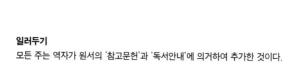

일러두기
모든 주는 역자가 원서의 '참고문헌'과 '독서안내'에 의거하여 추가한 것이다.

차례

머리말

법에 관한 한 간결함(brevity)이 미덕인 경우는 별로 없다. 법률가의 미덕이 아님도 두말하면 잔소리다. 법률가들은 서슴없이 두꺼운 책을 펴내고 긴 글을 써댄다. 법률 서적은 들고 다니기에 무겁고, 법철학에 관한 책도 상당한 두께로 출간되기 마련이다. 법률가들은 이러한 악덕을 떨쳐버릴 수가 없나 보다.

그러나 이 책이 속한 시리즈와 같은 입문서를 쓰는 사람은 자기가 맡은 주제를 간추리고 압축하고 요약하지 않으면 안 된다(물론 지나친 단순화는 피해야 할 것이다). 법철학의 핵심을 추출하는 작업이 (아예 비현실적이지는 않기를 바라지만) 상당히 까다롭다는 점을 말해 무엇하겠는가. 그럼에도 이 작고 얇은

책을 집필하는 목적은, 법철학을 전공하지 않은 독자들에게
도 법철학의 근본 문제들을 생생하고 명료하게 전달하기 위
해서다. 그래서 어렵게 느껴질 때가 많은 법이라는 개념, 그리
고 법이 정의, 권리, 도덕에 관한 보편적인 문제들과 맺는 관
계를 알기 쉽게 풀어내려 애썼다.

　뉴스를 보면 법은 거의 빠짐없이 등장한다. 논쟁의 중심에
는 어김없이 법이 있다. 법률가와 정치인은 법의 지배(rule of
law)를 통해 얻을 수 있는 점들을 높이 사지만, 개혁론자는 법
의 지배로 불충분한 점들을 지적한다. 나아가 법의 지배를 정
의와 동일시하는 생각은 냉소의 대상이 되기도 한다. 그렇지
만 어느 누구도 법이 사회를 변화시키기 위한 수단이라는 점
을 부인하지 않는다. 그리고 우리가 사회적·정치적·도덕적·
경제적 생활을 영위하는 과정에서 법이 핵심적인 역할을 한
다는 사실도 대체로 인정된다.

　그런데 이처럼 법이라고 불리는 것의 정체는 무엇인가? 자
연에 따라 보편적인 도덕 원리들의 집합으로 구성되는 것이
법인가?(1장 참조) 아니면, 법이란 대체로 인간이 제정하는 유
효한 규칙, 명령, 규범을 한데 모아놓은 것에 불과한가?(2장 참
조) 법의 특유한 목적에는 개인의 권리 보장(3장 참조), 정의
구현(4장 참조), 경제적 평등, 정치적 평등, 성 평등(6장 참조)
같은 것들이 포함되는가? 법을 그 사회적 맥락에서 떨어뜨려

놓은 채 이해할 수 있는가?(5장 참조)

법이라는 개념이 지닌 의미, 법의 기능과 목적 등을 파헤치려는 사람들은 이러한 물음들을 피해 갈 수 없으며, 더 많은 질문들이 꼬리에 꼬리를 물고 나타난다. 그리고 이러한 물음표들은 법철학의 드넓은 영역 전반에 걸쳐 흩어져 있다. 이렇게 광범위한 영역을 지도로 그려내기란 아주 벅찬 일이다. 나는 이 책에서 법철학의 지형 가운데 가장 두드러진 특색을 지닌 곳만을 짚어내고자 한다. 이를 위해 주요 법이론에 방점을 찍음으로써 법철학의 과거와 현재를 두루 조망할 수 있도록 했다.

법이론과 법정 드라마는 서로 판이하다. 그렇지만 (실화이건 허구이건 간에) 텔레비전 드라마의 소재가 되는 아주 자극적인 형사 재판에도 법의 특성들이 집약되어 있다. 이러한 재판을 접한 법철학자들은 도덕적 책임과 법적 책임, 처벌의 정당화, 해악의 개념, 사법의 기능, 적법절차 등에 관한 대답하기 어려운 질문들을 쏟아낸다. 이렇게 보면, 법철학자가 현실과 동떨어진 추상적인 연구에 머무는 경우는 거의 없다는 사실을 알 수 있다.

우리는 어수선하고 불공정한 세상을 살아간다. 아마도 세상은 언제나 그랬을 것이다. 사악함과 부당함에 직면한 사람은 법의 본질과 기능을 숙고하게 되는데, 이때 지나친 단순화와 모호한 미사여구에 빠져들기 쉽다. 따라서 법의 본질, 정의, 법적 개념들의 의미를 명료하게 분석하고 법철학적 숙고를 철저하게 밀고 나가는 일은 반드시 필요하다. 법철학이 없으면 우리의 삶을 지탱하는 가치와 이상을 밝히고 지키는 데 큰 난관에 부딪히게 될 터이다.

늘 그렇듯, 옥스퍼드대학교 출판부에서 출간을 준비할 수 있어서 다행이었다. 에마 마(Emma Ma)에게 특별히 감사드린다.

나의 아내 페넬로페(Penelope Wacks)의 사랑과 격려와 지원이 없었다면 이 책을 쓸 수 없었을 것이다. 한없이 고맙다. 페넬로페의 말은 나에게 법이다.

제 I 장

자연법론

'그건 진짜 아니지.' '그건 이상한데.' 어떤 관행이나 행위를 두고 사람들이 이렇게 평가하는 것을 얼마나 자주 들어보았는가? 이러한 평가는 무엇을 의미하는가? 낙태는 도덕에 반하고 동성혼은 허용될 수 없다고 주장할 때, 이러한 비난의 근거는 어디에 있는가?(그림 1 참조) 옳고 그름, 선과 악을 판가름할 수 있는, 객관적으로 확인 가능한 기준이 존재하는 것일까? 만일 그렇다면, 그러한 기준은 어떻게 확인할 수 있는가?

우리는 살면서 도덕에 관한 질문을 자주 던지게 된다. 이러한 질문은 정치적 논쟁, 나아가 법적 논쟁의 소재를 이룬다. 더욱이 국제연합(United Nations)이 창설되고 나서부터는 국제 선언이나 국제 협약이 날로 늘어나고 있는데, 거기에는 (특

1. 자연법의 원리를 근거로 동성애나 동성혼, 간통을 비난하기도 한다. © William B. Plowman/Getty Images

히 인권과 관련하여) 국제 관계의 윤리적 성격이 반영되어 있다. 이러한 국제 선언이나 국제 협약의 상당수는 자연법을 암묵적으로 전제한다. 즉 논리적으로 생각해보면 누구나 알 수 있는 도덕적 진리들이 실제로 존재한다는 것이다.

물론 아리스토텔레스 이래 도덕철학자들은 윤리적 문제들에 골몰해왔다. 그럼에도 자연법에 대한 논의가 다시 활발히 이루어진다는 것은 수백 년이 지나도록 이러한 윤리적 문제들을 해결하는 데 별다른 진척이 없었다는 뜻이다.

이탈리아의 저명한 자연법론자 알레산드로 당트레브(Alessandro P. d'Entrèves, 1902~85)에 따르면, "자연법이란 법과 도덕이 교차하는 지점을 일컫는 말이다. 이것이 자연법에 대한 가장 적절한 설명이다."[1] 또다른 자연법론자 존 피니스(John Finnis, 1940~)는『자연법과 자연권Natural Law and Natural Rights』이라는 책으로 많은 호평을 얻었는데, 이 책에서 그는 '법이란 무엇인가'를 설명하려는 사람은 (좋든 싫든) '선(good)'에 대한 이해를 전제할 수밖에 없다고 주장한다.

법을 사회적 제도의 일종으로 평가(하는 것에 동의)할 경우, 그러한 제도를 있는 모습 그대로, 즉 가치중립적으로 설명하고 분석하는 일이 선행되어야 한다고 생각하는 이들이 많다. 그러나 근대 법학이 발전하면서, 그리고 사회과학의 방법론에 대한 성찰이 이루어지면서, 평가라는 작업, 즉 과연 무엇이 인간에게 선한 것인지, 그리고 과연 무엇이 실천적 합당성(practical reasonableness)의 요청에 부합하는 것인지에 대한 이해가 없이는 사회적 사실에 대한 이론적 설명과 분석을 수행할 수 없다는 점이 확인되고 있다.[2]

자연법을 분석하기 위한 토대가 아주 선명하게 드러나는 글이다. 즉 무엇이 **선한** 것인지를 판단할 때의 사고방식이 무엇이 **존재**하는지를 확인할 때의 사고방식과는 상이하다는 점을 읽어낼 수 있다. 달리 말해, 자연법에 관한 연구가 어떠한 특성을 띠고 어떠한 영향을 미칠 수 있는지를 제대로 이해하기 위해서는, 그러한 연구에 특수한 논리가 적용된다는 점을 인정할 필요가 있다.

고대 로마의 법률가 키케로(Marcus Tullius Cicero, BC 106~BC 43)는, 자연법에 관한 철학이라면 그것이 누구의 것이든 간에 공통적으로 가지는 세 가지 요소를 스토아철학에 터 잡아 밝혀냈다. 키케로가 남긴 『국가론De Re Publica』을 잠시 살펴보자.

참된 법(true law)이란 자연(Nature)에 부합하는 올바른 이성이다. 참된 법은 보편적으로 적용되고, 변하지 않으며, 영원한 효력을 가진다. (…) 참된 법을 수정하려는 행위는 죄악에 해당하고, 참된 법을 조금이라도 폐지하는 것은 허용되지 않으며, 참된 법을 통째로 폐지하는 것은 불가능하다. (…) 신은 참된 법을 만드는 자이고, 참된 법을 공포하는 자이며, 참된 법을 적용하는 법관이다.[3]

여기서 키케로는 자연법이 보편적이고 변하지 않는다는 점, 자연법이 '상위' 법으로서의 위상을 가진다는 점, 자연법이 이성을 통해 인식될 수 있다는 점(자연법은 바로 이러한 의미에서 '자연적'이다)을 부각시키고 있다. 고전적인 자연법론은 혁명을 뒷받침하기도 했지만, 반동의 근거가 되기도 했다. 기원전 6세기를 살았던 그리스 사람들이 보기에, 인간의 법이 중요한 까닭은 그것이 모든 것을 좌우하는 운명의 힘에서 유래하기 때문이었다. 이처럼 보수적인 생각은 기존 상태에서 보이는 매우 잘못된 측면까지 정당화하는 데 동원되기 쉽다. 그러나 기원전 5세기가 되자, 사람들은 자연의 법(law of nature)과 인간의 법(law of man)이 서로 충돌하는 경우가 있다는 점을 받아들이기 시작했다.

아리스토텔레스는 자연법보다는 자연적 정의(natural justice)와 법적 정의(conventional justice)의 구별에 관심을 기울였다. 이와 달리 (앞서 언급한 대로) 자연법 개념에 대해 특별한 관심을 보인 사람들은 바로 그리스의 스토아철학자들이었다. 이들에 따르면, 법이 '자연적(natural)'이라는 표현은 법이 이성(reason)에 부합한다는 것을 뜻한다. 스토아철학은 (앞서 언급했던 키케로를 비롯한) 로마 사람들의 자연법에 대한 사유에 영향을 미쳤고, 이에 따라 로마인들은 (적어도 이론적으로 볼 때) '이성'에 부합하지 않는 법은 효력이 없다고 볼 수도 있다는 점을 인정했다.

오늘날 잘 알려져 있듯이, 가톨릭교회에서는 자연법에 관한 철학이 왕성하게 발전했다. 아우구스티누스는 5세기에 이미 다음과 같이 물었다. "정의가 없는 국가란 무엇인가? 그것은 그저 강도떼를 우람하게 키워놓은 것에 불과하지 않은가?"[4] 그러나 자연법을 상세하게 설명해낸 대표적인 인물은 도미니크 수도회의 수도자였던 토마스 아퀴나스(Saint Thomas Aquinas, 1225~74)였다. 그는 자신의 주저인 『신학 대전Summa Theologiae』에서 자연법이라는 주제를 기독교의 관점에서 아주 포괄적으로 서술하고 있다.[5] 토마스 아퀴나스는 법을 네 가지 범주, 즉 영원법(eternal law), 자연법(natural law), 신법(divine law), 인정법(human law)으로 구별한다. 영원법이란 신적 이성으로서 오로지 신만이 알 수 있는 것이다. 자연법이란 영원법이 이성적 피조물, 즉 인간에게 분여(分與)된 것으로서 이성을 통해 밝혀낼 수 있다. 신법은 성경에 쓰인 계시를 통해 확인된다. 인정법은 인간이 그 이성에 힘입어 공동선을 실현하기 위해 제정한 것이다.

13세기 유럽에서는 도시국가(city-state)들이 흥성했다. 교황은 이러한 도시국가들에 대해 권력을 행사하는 데 어려움을 겪었는데, 이는 신학의 관점에서 세속적 권력의 행사를 제대로 설명해내지 못한 탓이었다. 아우구스티누스는 성경에 나오는 '황제의 것은 황제에게 (…) 바치라'라는 권면을 옹호할 뿐이었던 반면, 토마스 아퀴나스는 아리스토텔레스의 철학을 가지고 세속적 권력과 기독교적 권력을 조화시키고자 애썼다. 토마스 아퀴나스에 따르면, 기독교는 인류가 발전하면서 도달하게 되는 한 단계로서 고대 그리스인들은 시기상 이를 경험할 수 없었다. 결국 인류가 살아가도록 예정된 **폴리스**(polis)는 기독교 국가라는 것이다.

토마스 아퀴나스에 의하면, 자연법은 신의 섭리를 구성하는 일부에 불과하다. 즉 자연법이란 영원법, 즉 모든 피조물이 따라야 하는 이성적인 계획에 대한 '참여'라는 것이다. 달리 말해, 이성적 존재들은 자연법을 통해 영원법에 참여한다. 인간에게 '부여'된 자연법의 내용은 실천적 합리성(practical rationality)의 원리들로 구성되는데, 이러한 원리들을 기준으로 인간의 행위가 합리적인지 여부를 평가할 수 있다. 토마스 아퀴나스는 자연법을 '법'이라고 부를 수 있는 이유는 바로 이러한 특성을 띠기 때문이라고 한다. 왜냐하면 법이란 공동체의 이익을 보호하는 자가 선언하는, 행위에 대한 규칙들로 구성되기 때문이다. 즉 우주를 수호하고 보호하는 신이 이성에 따라 자유로이 행동할 수 있는 능력을 지닌 이성적 존재를 창조하고자 결정했기에, 이성적 존재인 인간은 '법'이 실천적 합리성의 원리들로 구성된다고 여길 수 있다는 것이다.

토마스 아퀴나스에 따르면, 인간은 자연법의 원리들을 따르게 되어 있다. 왜냐하면 인간은 (이성적 존재로서) 자연법의 원리들을 따르도록 타고나고, 이 원리들에 따라 인간은 선을 지향하며, 선한 것들을 추구하게 되기 때문이라는 것이다. 그뿐만 아니라, 인간은 그 본성(nature)에 따라 이러한 원리들을 깨닫게 된다. 즉 이러한 깨달음은 여러 가지 선한 것들, 즉 자연법에 따르면 추구해야 마땅한 것들에 대한 인간 본연의 열망을 통해 일어난다. 그러나 실천적 지식(practical knowledge)의 본질을 파악할 수는 있더라도, 그러한 지식이 실제로 어떠한 결과를 낳는지는 확인하기 어려운 경우가 많다. 토마스 아퀴나스가 인정하듯이, 인간은 정념에 사로잡히거나 악의를 품게 된 나머지 실천적 지식을 제대로 활용하지 못할 수도 있기 때문이다.

토마스 아퀴나스는 자연법의 핵심을 '선을 행하고 악은 피하라'라는 명령으로 새긴다. 신학적으로 볼 때 도덕적 진리들이 객관적으로 존재한다는 사실을 전제로, 인간은 선을 끊임없이 추구할 의무를 진다는 것이다. 인간은 직관적으로 무엇이 선한지를 안다. 예컨대 생명이나 지식, 출산, 사회, 합리적 행동이 선하다는 것을 모르는 사람은 없다. 토마스 아퀴나스가 보기에, 선함(good)은 옳음(right)에 앞선다. 어떤 행위가 옳은지 그른지는 그러한 행위가 선한지 악한지, 혹은 선한 결과를 낳는지 악한 결과를 낳는지보다는 중요하지 않다는 것이다. 토마스 아퀴나스는, 인간은 선에 관한 자연법의 원리들을 토대로 선한 것을 실현할 수 있는 실천적 방법들을 추론해낼 수 있다고 한다.

어떤 행위가 근본적으로 잘못되었다는 것을 어떻게 아는가? 이러한 잘못을 단박에 알려주는 기준은 없다. 이는 문제되는 행위의 특성, 즉 그러한 행위의 대상, 그렇게 하는 목적, 그렇게 하게 된 사정 등을 면밀히 따져보아야 알 수 있는 것이다. 예를 들어, 토마스 아퀴나스는 어떤 행위가 그 의도로 인해 잘못된 것이 될 수도 있다고 주장한다. 즉 사람을 죽이는 행위, 거짓말을 하는 행위, 신을 모독하는 행위는 모두 선에 어긋나는 행위라는 것이다. 토마스 아퀴나스는 행위의 옳고 그름을 판가름하는 보편적이고 절대적이며 영원한 원리들이 있다고는 단언하지 않았지만, 무고한 사람을 죽이거나, 거짓말을 하거나, 신을 모독하거나, 간통이나 계간에 탐닉하는 행위는 자연법에 비추어 항상 잘못된 것이라고 장담했다.

토마스 아퀴나스의 이론 가운데 특별히 관심을 끌고 논쟁을 불러일으키는 부분이 하나 있다. 바로 자연법이나 신법에 위배되는 '법'은 법도 아니라는 그의 주장이다. 이는 통상 'lex iniusta non est lex(정의에 반하는 법은 법이 아니다)'라고 표현된다. 물론 최근 연구자들에 의하면, 토마스 아퀴나스 자신은 이런 주장을 직접 제기한 적이 없으며, 그저 아우구스티누스의 주장을 인용했을 따름이다. 플라톤이나 아리스토텔레스, 키케로 역시 'lex iniusta non est lex'에 비견될 만한 견해를 밝힌 바 있으나, 자연법에서 정한 요건들과 상충하는 법은 도덕적 구속력을 잃는다는 입장을 취했던 것으로 보이는 토마스 아퀴나스야말로 'lex iniusta non est lex'에 가장 밀접한 인물이다.

달리 말하면, (합리적이지 않거나 공동선에 위배되는) 정의에 반하는 법을 제정함으로써 권력을 남용하는 정부에는 도덕적 권위가 결여되어 있으므로, 사람들은 이러한 정부를 따를 필요가 없다. 토마스 아퀴나스는 이처럼 법이 정의에 반하는 경우를 '법의 부패(corruption of law)'라고 부른다. 그렇다고 해서 토마스 아퀴나스가 정의에 반하는 법을 위반하는 행위는 항상 정당화된다고 주장하는 것으로는 보이지 않는다. 왜냐하면 지배자가 정의에 반하는 법을 제정한다면, '그 신민들은 그러한 법을 따를 의무를 지지 않는다'라는 것이 토마스 아퀴나스의 생각이기는 하나, 그는 소요 사태나 '다른 사람들을 타락시키는 언행(scandal)을 피해야 하는 특별한 경우에는 법을 따라야 하는 것 같다'라는 예외를 조심스레 덧붙이고 있기 때문이다. 이는 토마스 아퀴나스를 거명하며 제기되곤 하는, 법에 대한 불복종을 정당화하려는 급진적 주장들과는 확연히 구분된다.

17세기가 되자 유럽에서는 모든 법의 토대, 특히 국제법의 기초는 자연법이라는 주장이 제기되었다. 자연법의 세속화, 즉 자연법을 신으로부터 떼어놓는 작업에 대해 논하자면, 네덜란드 출신의 휴고 그로티우스(Hugo Grotius, 1583~1645)를 빼놓을 수 없다. 참고로, 휴고 그로티우스는 네덜란드어로는 '휘호 더 흐로트(Hugo de Groot)'로 부른다. 그로티우스가 집필한 『전쟁과 평화의 법De Jure Belli ac Pacis』의 영향력은 상당했는데, 여기에는 신이 존재하지 않더라도 자연법의 내용은 똑같았을 것이라는 주장이 등장한다. 이러한 주장은 국제법 분과가 발전하는 데 중요한 기반이 되었던 것이 사실이다. 그로티우스는 신의 뜻과 무관하게 어떤 것들은 '본질적으로' 잘못되었다고 생각했던 것 같다. 왜냐하면 (그로티우스가 들었던 비유를 빌리자면) 아무리 신이라고 해도 2에다 2를 곱하면 4가 된다는 것을 부정할 수는 없기 때문이다!

18세기 영국의 법학자 윌리엄 블랙스톤(William Blackstone,

1723~80)은 『영국법 주해Commentaries on the Laws of England』에서 자연법을 명시적으로 인정했다. 블랙스톤은 이 대작의 앞머리에서 영국법의 권위는 자연법에서 도출된다고 선언하고 있다. 이와 같이 블랙스톤이 실정법의 근원으로 신을 언급했고 심지어 자연법과 충돌하는 실정법은 그 효력을 상실할 수 있다고 생각하기는 했으나, 실제로 영국법에 대한 그의 설명은 자연법론의 영향을 받지는 않았다. 그럼에도 불구하고, 자연법을 통해 실정법을 정당화하려는 블랙스톤의 시도는, 자연법을 '상상의 산물에 불과한 것'으로 여긴 제러미 벤담(Jeremy Bentham, 1748~1832)의 신랄한 비판을 받았다(2장 참조).

토마스 아퀴나스는 자연법을 상당히 보수적으로 이해하는 학자에 속한다. 하지만 자연법의 원리들은 법이 개인의 자연권(natural rights)을 침해했다는 논리로 (특히 미국 독립 혁명이나 프랑스 혁명을 비롯한) 혁명을 정당화하는 데 원용되어왔다. 따라서 영국의 식민 지배에 대항한 미국 독립 혁명은, 모든 미국인에게 (1776년 「미국 독립 선언」에 숭고하게 표현된 바와 같이) "생명, 자유, 행복 추구"에 대한 자연권이 있다는 점에 입각한 것이었다. 「미국 독립 선언」의 일부를 인용하면 다음과 같다. "우리는 다음을 자명한 진리로 생각한다. 즉 누구나 평등하게 태어나 창조주로부터 양도할 수 없는 권리를 부여받는다." 비숫한 울림을 주는 내용이 1789년 8월 26일 프랑스에서 선포된 「인간과 시민의 권리 선언Déclaration des droits de l'homme et du citoyen」에도 담겨 있는데, 여기에서도 인간이 가진 '자연권'이 언급된다.

일부 사회계약론자들은 사회계약(social contract)에 터 잡아 정치적 권리와 의무를 구상하면서 자연법을 원용했다. 사회계약은 법적으로 엄밀히 보면 계약이라고 할 수는 없지만, 자기 자신의 동의 없이는 다른 사람의 정치적 권력에 복종할 수 없다는 사상을 표현한다. 이와 같은 사회계약론은 존 롤스(John Rawls, 1921~2002)의 정의론을 비롯한 자유주의 사상에 여전히 영향을 미치고 있다(4장 참조).

자연권: 홉스, 로크, 루소

토머스 홉스(Thomas Hobbes, 1588~1679)라고 하면, 삶이란 "쓸쓸하고, 초라하고, 고약하고, 잔인하며, 짧다"라는 경구를 많이들 떠올린다. 그러나 홉스는 그의 명저 『리바이어던Leviathan』[6]에서 삶이 저렇게 불행한 것은 사회계약을 체결하기 이전의 상태, 즉 자연 상태에서의 인간의 조건이라고 한다. 홉스에 따르면, 사람들은 자연법을 통해 자기보존(self-preservation)의 필요성을 깨닫게 되며, 질서와 안전을 보장하기 위해서는 법과 정부가 없어서는 안 된다는 점을 알게 된다. 그러므로 사회계약에 의하면 사람들은 질서 있는 사회를 만들기 위해 자신의 자연적 자유를 포기해야만 한다. 따라서 홉스의 철학에는 지배자에 대한 복종을 강요하는 면이 있고, 그러다보니 정의보다 질서가 중시된다. 특히 홉스가 스스로 내세운 이론적 목표는 (심지어 폭정을 일삼는) 정부에 대항하는 혁명의 정당성을 깎아내리는 것이다.

홉스가 보기에, 인간의 모든 행위는 (친절하거나 이타적으로 보일지라도) 실제로는 자기 자신을 위한 것이다. 따라서 자선단체에 기부하는 행위도 실은 자신의 능력을 만끽하는 수단인 것이다. 홉스에 따르면, 인간의 본성이 이기적이라는 점을 인정하지 않으면 도덕이나 인간의 행위를 정확히 설명할 수 없다.『리바이어던』에서 홉스는 정부가 수립되기 이전의 자연 상태에서 사람들이 어떻게 처신했을지를 짐작해본다. 홉스는 사람들이 기본적으로 평등하다는 점을 인정한다. 즉 인간의 정신적 능력과 육체적 능력은 서로 엇비슷하므로, 심지어 가장 약한 자라도 (단단히 무장을 한다면) 가장 강한 자를 해치울 수 있는 힘을 갖고 있다는 것이다.

홉스에 의하면, 이렇게 평등한 사람들 사이에는 불화가 일어난다. 이러한 다툼이 일어나게 되는 이유는 크게 세 가지라고 한다. 즉 (소유할 수 있는 물자가 한정됨에 따른) 경쟁, 불신,

(자신이 중요한 사람이라는 평판을 유지하기 위해 타인에 대한 적개심을 거두지 않는) 공명심이 분쟁의 원인이라는 것이다. 이렇게 서로 따지며 싸우는 성향 탓에 만인의 만인에 대한 투쟁이 반복되는 자연 상태가 펼쳐지게 되는데, 이러한 상태에는 어떠한 도덕도 없기 때문에 모두가 항상 공포에 떨며 살아가게 된다는 것이 홉스의 추론이다.

이러한 만인의 만인에 대한 투쟁 상태가 종식되기 전까지는, 누구나 (타인의 목숨을 비롯한) 모든 것에 대한 권리를 가진다. 홉스의 주장에 따르면, 개인의 이기심과 사회계약만으로도 자연법론자들이 생각하는 불변의 자연법과 동일한 종류의 법을 도출해낼 수 있다고 한다. 즉 자연 상태에서의 공포에서 벗어나기 위해서는 평화(peace)가 첫번째 자연법이어야 한다는 것이 홉스의 결론이다.

두번째 자연법은, 평화를 달성하기 위해 모두가 (타인의 목숨을 빼앗을 수 있는 권리를 비롯한) 일정한 권리를 포기하는 것이다. 이렇게 서로가 자신의 권리를 양도하는 것이 계약이고, 이는 도덕적 의무의 근거가 된다. 하지만 홉스는 이러한 계약이 체결된다고 하여 곧바로 평화가 보장된다고는 생각지 않았다. 평화가 보장되려면 사람들이 계약을 이행해야 한다. 이것이 홉스가 말하는 세번째 자연법이다.

홉스는, 사람은 본디 이기적인 존재이기 때문에 그 이기심을 이기지 못한 나머지 계약을 어길 수 있다는 점을 인정한다. 예컨대, 사람은 자신의 행위가 적발되지 않으리라 믿으면 타인의 재물을 훔치지 않기로 한 계약을 어길 수도 있다는 것이다. 이러한 가능성을 모르는 사람은 없다. 홉스가 보기에, 계약으로 정한 서로의 의무를 위반하지 않기 위한 유일한 방법은 정치적 주권자에게 계약을 위반한 자를 응징할 수 있는 무제한의 권력을 부여하는 것이다. 그리고 이 역시 (자연 상태를 종식하고자 하는) 전적으로 이기적인 이유에 따른 것이며, 이러한 동기에서 사람들은 형벌권을 가진 기관을 수립하는 데 동의하게 된다는 것이다. 그뿐만 아니라, 홉스는 그러한 주권자가 존재할 때에만 무엇이 옳고 그른지를 객관적으로 확정할 수 있다고 한다.

홉스는 앞서 언급한 세 가지 자연법을 실질적인 내용을 가진 몇 가지 다른 자연법들로 보충한다. 가령, 네번째 자연법은 '계약을 준수하는 이에게 감사를 표하라'라는 것이다. 홉스의 결론에 의하면, 이러한 자연법들은 사회계약으로 얻어지는 것이며, 도덕은 온전히 이러한 자연법들로 구성된다. 이와 같이 홉스가 자연권을 해석하는 방식은 고전적인 자연법론자들이 자연권을 설명하는 방식과는 얼마간 차이를 보인다. 홉스의 이론은 자연권에 대한 근대적 관점, 즉 모든 사람이 자기보존에 대한 기본적 권리를 가진다는 점을 전제하는 입장으로 새길 수 있다.

홉스가 사회계약 이전의 삶을 악몽으로 그렸던 것과 정반대로, 존 로크(John Locke, 1632~1704)는 사회계약 이전의 삶을 낙원으로 묘사한다. 그러나 이렇게 좋은 자연 상태에도 중요한 결점이 하나 있다고 한다. 바로 자연 상태에서는 소유권이 제대로 보장되지 않는다는 점이다. 따라서 달리 문제삼을 것이 없는 자연 상태의 유일한 결점을 바로잡기 위해서 사람들은 사회계약을 통해 자신의 자유를 일부 포기했다는 것이 (특히 『통치론Two Treatises of Government』[7]에서 나타나는) 로크의 생각이다. 토마스 아퀴나스의 이론의 출발점과 마찬가지로, 로크의 이론은 신이 인간에게 부여한 권리와 의무에 대한 설명을 바탕으로 전개된다. 사회계약과 거기에 담긴 조항들이 어떻게 운용되는지를 설명하기는 만만치 않다. 이러한 시도는 혁명적이며(로크는 사람들에게 폭정을 전복할 수 있는 권리가 있음을 인정한다), 잘 알려진 바와 같이 소유권을 강조한다. 다음과 같은 논리로 말이다. 신은 지구를 소유하다가 인간이 이를 누릴 수 있도록 제공했다. 그러므로 소유권은 있을 수 없다. 하지만 물질적 대상에 인간의 노동을 '섞음(mixing)'으로써 인간은 자신이 창조한 것에 대한 권리를 획득하게 된다.

사유 재산에 관한 로크의 생각은 미국 헌법을 기초한 사람들에게 지대한 영향을 미쳤다. 그러다보니 로크를 근대 자본주의의 창시자라고 칭송하는 사람들도 있고 비난하는 사람들도 있다.

로크가 보기에, 사회계약을 통해 생명, 자유, 재산에 대한 자연권이 보장되고 각자는 사적 권리를 누릴 수 있게 된다. 이러한 시민사회에서는 각자가 행복을 추구함으로써 공동선을 창출하게 된다고 한다. 홉스가 자연권이 자연법보다 먼저 존재하고 자연법은 자연권에서 도출된다고 했던 반면, 로크는 자연법, 즉 이성에서 자연권이 도출된다고 했다. 만인이 만물에 대한 자연권을 가진다는 것이 홉스의 생각이라면, 로크는 자연권으로서의 자유권은 자연법과 그에 기초한 지시, 즉 다른 사람의 '생명, 건강, 자유, 재산'을 침해해서는 안 된다는 지시에 의해 제한된다고 한다. 로크는 제한된 형태의 통치권이 필요하다고 역설했다. 다시 말해, 로크는 통치권을 구성하는 권력들 간에 견제와 균형이 유지되면서 입법부가 진정한 대표들로 채워진다면 통치권은 최소화되고 개인의 자유는 극대화될 것으로 보았다.

장자크 루소(Jean-Jacques Rousseau, 1712~78)의 이론에서는 사회계약에 견주어볼 때 자연법의 중요도는 떨어진다. 홉스나 로크의 사회계약에 비하면 더욱더 추상적인 루소의 사회계약은 (그가 집필한 『사회계약론On the Social Contract』[8]에 따르면) 개인과 공동체 사이의 합의이며, 개인은 이러한 사회계약을 통해 루소가 '일반 의지(general will)'라고 부르는 것의 일부가 된다.

일반 의지는 루소의 또다른 개념인 주권(sovereignty)과 관련된다. 루소에 따르면, 주권 개념은 정당한 통치권을 가리킬 뿐만 아니라 그러한 통치권을 행사함으로써 공익을 추구하는 것까지 아우른다. 따라서 일반 의지를 통해 사람들의 이익은 증대된다. 하지만 일반 의지의 목적은 '일반적(general)'이다. 왜냐하면 일반 의지는 규칙이나 사회적 계급, 심지어 군주국까지 창설할 수 있지만, 누가 해당 규칙의 적용을 받는지, 누가 특정한 사회적 계급의 일원인지, 누가 군주국의 군주가 되는지는 구체적으로 규정할 수 없기 때문이다. 만일 일반 의지가 그렇게 할 수 있다면, 루소의 핵심적인 주장, 즉 일반 의지는 (일반 국민의 필요보다는 특정 개인이나 특정 파벌의 욕망을 중시하는) 개별 의지들의 총합보다 사회 **전체**의 이익을 다루기 마련이라는 생각이 흔들리게 될 것이다.

인간은 '자유롭도록 강제'되어야 한다는 루소의 주장은 이해하기 어렵기로 유명하지만, 이는 개인들이 자유 의지를 포기함으로써 국민 주권을 창출한다는 의미로 받아들이면 되겠다. 나아가, 분할할 수도 없고 양도할 수도 없는 '일반 의지'가 이기적인 개인들로 구성된 공동체를 위한 최선의 결정을 내리기 때문에, 개인은 자신이 속한 공동체의 규칙을 준수하도록 강제되어야만 한다.

루소에 의하면, 일정한 자연권들은 박탈할 수 없는 것이지만, 무엇이든 입법할 수 있는 권력을 부여받은 '일반 의지'가 제정한 법률에 의해 제한될 수도 있다. 정부가 '일반 의지'를 대표하기만 한다면, 이러한 정부는 거의 모든 것을 할 수 있는 것이다. 따라서 루소는 참여 민주주의를 열렬히 지지하면서도, '일반 의지'를 대표하는 입법부에 거의 무제한적인 권력을 부여하고자 했다. 결국 역설적이게도 루소는 민주주의자이면서도 전체주의자였던 것이다.

그러나 루소가 보기에, 일반 의지는 누구나 알 수 있는 기준이므로 사회 전체의 이익을 위할 때에만 개입한다. 따라서 루소가 자유와 평등을 중시하기 때문에 전체주의적으로 보이는 그의 목소리가 한층 완화된다는 주장도 해볼 수 있다. 즉 주권자에 의한 정당한 개입은 자유와 평등을 제한하지 않고 이를 제고하기 위해서만 필요한 것으로 해석할 수 있다는 것이다. 사회계약은 특정 파벌이나 특정 계급의 이익에 맞서 사회 전체를 지키고자 하는 것으로, 이를 통해 국가의 절대 권력과 개인의 권리가 서로 균형을 이루게 된다.

자연법의 쇠퇴와 부흥

특히 19세기에 두 가지 강력한 반론이 등장하면서 자연법론의 영향력이 감소하게 되었다. 첫째는 (2장에서 살펴볼) 법실증주의와 관련된 입장들로서 자연법론에 대한 강력한 반론을 제기했다. 둘째는 도덕적 추론에는 합리적인 해답이 존재하지 않는다는 (윤리학에서는 비인지주의non-cognitivism로 불리는) 입장으로서 자연법에 대한 깊은 회의를 낳았다. 무엇이 옳고 그른지를 객관적으로 알 수 없다면, 자연법의 원리는 주관적 견해에 불과할 따름이고, 그렇다면 이를 두고 옳다고도 그르다고도 할 수 없는 것이다.

데이비드 흄(David Hume, 1711~76)은 『인간 본성에 관한 논고A Treatise of Human Nature』[9]에서 윤리학자들이 '존재(is)'로부터 '당위(ought)'를 도출하고자 하는 방식이 지닌 문제점을 처음으로 포착했다. 어떤 상황이 실제로 존재한다는 이유만으로 법이 특정한 형식을 취해야 한다는 식의 결론을 내려서는 안 된다는 것이다. 따라서 흄이 보기에 다음과 같은 삼단논법은 타당하지 않다.

모든 동물은 새끼를 낳는다. (대전제)

인간은 동물이다. (소전제)

그러므로 인간은 자식을 낳아야 한다. (결론)

흄은 세계나 인간의 본성에 관한 사실을 가지고 **해야 하는** 것과 **해서는 안 되는** 것을 결정할 수 없다는 점을 설명하기 위해 애썼다. 오늘날 자연법론자들 가운데는 위에서 본 삼단논법이 틀렸다는 점은 인정하면서도, 이전의 자연법론자들이 위와 같은 방식으로 '존재'에서 '당위'를 도출하려 했다는 점을 부인하는 이들도 있다. 이는 뒤에서 살펴보기로 한다.

19세기에 쇠퇴했던 자연법론은 20세기에 부흥을 맞이한다. 이는 세계대전 이후 인권에 대한 인식과 「국제연합 헌장」, 「세계 인권 선언」, 「유럽 인권 조약」, 「1959년 법의 지배에 관한 델리 선언」과 같은 선언에 담긴 인권에 관한 문언에서 명확히 드러난다(4장 참조). 자연법을 법률의 효력을 상실시키는 헌법적 의미에서의 '상위법'으로 여기는 것이 아니라, 실정법을 평가하는 기준으로 삼게 된 것이다.

나치 전범들을 처벌하기 위한 뉘른베르크 재판은 자연법적 이상을 재건했다. 이 재판에서는 실정법의 구체적인 조항을 위반하지 않은 행위일지라도 '반인도적 범죄(crimes against humanity)'를 구성할 수 있다는 원리가 적용되었다(그림 2 참조). 재판관들은 자연법론을 명시적으로 내세우지는 않았지만, 실정법이 무엇이 옳은지를 결정하는 유일한 기준일 필요는 없다는 원리의 중요성을 인정했다.

또다른 중요한 발전으로는 여러 나라에서 인간으로서의 권

2. 나치 전범들에 대한 뉘른베르크 재판에서는 실정법의 구체적인 조항을 위반하지 않은 행위일지라도 '반인도적 범죄'를 구성할 수 있다는 원리가 적용되었다.
© Hulton Archive/Getty Images

리나 국민으로서의 권리를 보호하기 위한 헌법적 수단을 마련하고 있다는 점이다. 미국의 경우, 권리장전(Bill of Rights, 수정 헌법 제1조~10조)과 이에 관한 연방대법원의 판결을 예로 들 수 있다(4장 참조).

법이론의 발전 역시 자연법론의 부흥에 기여했다. 론 풀러의 "법의 내적 도덕성"(바로 아래 참조), 허버트 하트의 "자연법의 최소한의 내용"(2장 참조), 그리고 무엇보다 존 피니스(아래 참조)와 같은 최근 자연법론자들의 저술이 이러한 부흥에서 중요한 역할을 했다.

론 풀러: "법의 내적 도덕성"

미국의 법학자 론 풀러(Lon L. Fuller, 1902~78)는 자연법에 대한 비종교적 접근 방식, 즉 법이 "내적 도덕성(inner morality)"을 지니고 있다고 보는 입장으로 잘 알려져 있다. 이를 통해 풀러는 법체계의 고유한 목적이 "사람들의 행위를 규칙의 지배하에 두고자 하는 것"이라는 점을 밝힌다. 이처럼 법을 특정한 목적을 추구하는 기획으로 이해하면, 법과 도덕 사이에 어떤 필연적 관계가 있다는 결론에 가닿게 된다.[10]

풀러는 『법의 도덕성The Morality of Law』에서 가상의 군주 렉스(Rex)가 등장하는 '교훈이 담긴' 이야기를 들려준다. 이 이야기에서 렉스는 다음과 같이 여덟 가지 잘못을 저지르는 바람에 법을 만드는 데 실패한다. (1) 처음에 렉스는 규칙 자체를 마련하지 않고서 모든 문제를 그때그때의 상황에 따라 결정하는 바람에 실패했다. (2) 이후 렉스는 백성들이 준수해야 하는 규칙을 마련했으나 이를 공포하지 않고 비밀에 부치는 바람에 실패했다. (3) 이후 렉스는 소급적으로 적용되는 규칙을 마련함(예: 월요일에는 적법했던 행위를 화요일에 제정한 규칙을 가지고 위법한 것으로 평가하는 것)으로써 자신의 입법권을 남용하는 바람에 실패했다. (4) 이후 렉스는 백성들이 제대로 이해할 수 없는 규칙을 만드는 바람에 실패했다. (5) 이후 렉스는 누구나 이해할 수 있을 만큼 명료하긴 하지만 모순으로 가득한 규칙을 만드는 바람에 실패했다. (6) 이후 렉스는 백성들의 능력으로는 도저히 할 수 없는 행위를 명하는 규칙을 제정하는 바람에 실패했다. (7) 이후 렉스는 백성들이 행위의 기준으로 삼을 수 없을 만큼 규칙을 너무 자주 개정하는 바람에 실패했다. (8) 이후 렉스는 자신이 공포한 규칙들과 그 실제 집행을 일치시키지 못하는 바람에 실패했다.

이렇게 줄곧 좌절만 하다가 때 이른 죽음을 맞이한 불쌍한 렉스가 법을 만드는 데 실패한 까닭은, 풀러가 제시한 다음의 여덟 가지 원리를 지키지 않았기 때문이다.

1. 법은 일반적이어야 한다.

2. 법은 공포되어야 한다.

3. 소급 입법은 허용되지 않는다.

4. 법은 명확해야 한다.

5. 법에는 모순이 없어야 한다.

6. 법은 지킬 수 없는 것을 명령해서는 안 된다.

7. 법은 너무 자주 변경되지 않아야 한다.

8. 공포된 법은 그대로 집행되어야 한다.

이러한 원리들 가운데 하나라도 지켜지지 않는다거나 몇 가지 원리들이 제대로 준수되지 못하는 체제가 있다면, 그러한 공동체에는 '법'이 존재한다고 볼 수 없다는 것이 풀러가 내린 결론이다. 풀러는 이러한 여덟 가지 원리가 **도덕**과 관련된다고 주장하지만, 이러한 원리들은 기본적으로 법이 유효하게 제정되기 위한 절차적 지침으로 보인다. 하지만 풀러의 원리들이 암묵적으로 지배자와 피지배자 간의 공정한 관계를 구축하고, 이로써 부도덕한 정권을 배제한다고 주장하려는 이들도 있을 것이다.

그러나 일반적인 견해에 따르면, 풀러가 제시하는 여덟 가지 '요건'이 준수된다는 것은 법체계가 제대로 기능하고 있다는 점만을 증명할 뿐이다. 이 모든 원리를 준수하는지 여부가

3. 인종에 따른 차별 정책을 법률로 시행한 극단적인 예로 남아프리카 공화국의 아파르트헤이트를 들 수 있다. © 2006 TopFoto.co.uk

도덕의 기준이 될 수는 없으므로, 부도덕한 정권이 이러한 원리들을 준수하는 것이 어렵지 않을 수도 있다. 부도덕한 법체계에서 일정한 효과를 거두고자 풀러의 원리들을 따르려고 할 수 있다는 주장도 얼마든지 가능하다. 예컨대, 아파르트헤이트(apartheid), 즉 흑인에 대한 차별 정책을 펼쳤던 남아프리카공화국의 위정자들은 그러한 정책을 뒷받침하는 추악한 법률을 제정하고 집행하는 과정에서 세세한 절차적 원리들은 준수하고자 했던 것이 사실이다(그림 3 참조).

오늘날의 자연법론: 존 피니스

옥스퍼드대학교가 배출한 법이론가 존 피니스(John Finnis, 1940~)는 토마스 아퀴나스가 주창했던 자연법의 핵심 원리들을 되살려 치밀하게 연구했다. 이러한 연구의 성과는 『자연법과 자연권』에 이해하기 쉽게 망라되어 있다. 피니스는 이 책에서 고전적 자연법론에 다시금 중요한 의미를 부여했고, 특히 (뒤에서 보듯) 분석법학(analytical jurisprudence)을 통상 그와는 상반되는 것으로 여겨지는 이론에 적용했다.

피니스가 어떠한 의도로 이러한 기획을 구상했는지를 이해할 필요가 있다. 피니스는 실천 이성에 대한 데이비드 흄의 생각에 반대한다. 흄에 따르면, 누군가 어떠한 행위를 할 때 일정한 목적을 달성하기 위한 욕망(감정)이 이성에 우선하며, 이성은 욕망을 실현하기 위한 최선의 방법을 알려줄 따름이지, 무엇을 욕망해야 하는지는 알려줄 수 없다. 이에 반해, 피니스는 아리스토텔레스의 철학을 받들면서 다음과 같이 묻는다. 가치 있고 소중하며 바람직한 삶은 무엇으로 구성되는가? 이 물음에 대한 대답으로 피니스는 '잘 사는 삶(human flourishing)의 기본 형태' 일곱 가지를 제시한다.

1. 생명
2. 지식
3. 놀이
4. 미적 체험
5. 사교성(우정)
6. 실천적 합당성
7. '신앙(religion)'

피니스에 따르면, 이러한 형태들은 만족스러운 삶에 기여하는 핵심적 속성들이며, 인간 사회의 어디에서나 또 언제나 적용되므로 보편성을 지닌다. 그리고 각 형태는 다른 선을 달성하기 위한 수단에 불과한 것이 아니라 그 자체로 가치 있다고 평가되는 것이므로 고유한 가치를 가진다. 도덕적 신념의 목적은 이러한 기본적 선들을 추구할 때에 윤리적 구조(ethical structure)를 제공하는 것이다. 이러한 원리들이 있기 때문에 엇비슷한 가치들 가운데 하나를 선택하기가 용이해지고, 기본적 선을 추구할 때 허용되는 행위를 규정할 수 있게 된다.

인간으로서 잘 살아가기 위해서는 이러한 기본적 가치들을 필요로 한다(이러한 가치들에 다른 가치를 추가할 수도 있을 것이다). 한 가지 주의할 점은, 피니스가 말하는 '신앙'이란 제도적 종교가 아니라 영적 체험에 대한 욕구라는 것이다. 피니스는 이러한 일곱 가지 기본적 선에 다음과 같은 '실천적 합당성(practical reasonableness)의 기본 요건' 아홉 가지를 결부 짓는다.

1. 선을 적극적으로 추구하기
2. 삶에 대한 정합적인 계획
3. 특정 가치에 대한 자의적 선호 금지
4. 특정인에 대한 자의적 선호 금지
5. 초연과 헌신
6. 결과의 (제한적) 중요성: 이성을 벗어나지 않는 효율성
7. 매사에 모든 기본적 가치를 존중하기
8. 공동선의 요건들
9. 자신의 양심에 따르기

위에서 살펴본 두 가지 목록들 모두 보편적이고 불변적인 '자연법의 원리들'을 구성한다. 피니스는 이러한 입장이 토마스 아퀴나스가 주장했던 자연법에 관한 일반적 이해에 부합한다고 설명한다. 이는 흄과 같은 비인지주의자들의 논박(앞의 내용 참조)에도 견딜 수 있다는 것이 피니스의 생각이다. 왜냐하면 이러한 객관적인 선들은 **자명한** 것으로서 인간의 본성에 대한 어떠한 설명을 통해서도 도출되지 않는 것들이기 때문이라고 한다. 예컨대 '지식'이 '무지'보다 낫다는 것은 자명하다는 것이다. 그리고 누군가가 이러한 생각에 반대하면서 '모르는 게 약이다'라고 주장하더라도, 그 사람은 자신의 주장이 지닌 가치를 좋든 싫든 인정하는 셈이고, 따라서 지식이 선한 것이라는 사실까지 인정하게 됨으로써, 결국에 자기부정의 역설에 빠지고 마는 것이다!

그러므로 피니스의 이론에 따르면, 자연법론이 필요한 가장 중요한 이유는 자연법론을 통해 '인간에게 진정으로 좋은 것'이 밝혀지기 때문인 것 같다. 인간은 공동체를 이루고 나서야 인간에게 좋은 것을 추구할 수 있다. 그리고 지도자의 권력은 자신의 공동체가 최선의 이익을 누리기 위해 봉사하는 데에서 나오는 것이다. 따라서 공동선을 저해하는, 즉 정의에 반하는 법률이 제정된다면, 이러한 법률에는 도덕적 구속력이 온전히 구비되지 못할 것이다.

또 피니스는 공동선을 앞세우면서 정의(justice)에 관한 이론을 전개한다. 피니스가 보기에, 정의의 원리들이란 누구나 자신이 속한 공동체의 공동선을 촉진해야 한다는 일반적인 요청에 따른 결론에 지나지 않는다. 앞에서 본 일곱 가지 기본적 선과 아홉 가지 방법론적 요건은 정의에 반하는 형태들을 대부분 차단하며, 절대적인 자연권들에 상응하는 절대적인 의무를 몇 가지 도출한다. 다음은『자연법과 자연권』의 일부이다.

공동체 내에서의 인간의 성격과 행동, 상호작용과 관련된 (여러) 패턴을 마음에 새기고, 그에 알맞은 권리들을 구체적으로 선택하는 것 외에는 달리 방도가 없다고 생각한다. 다시 말해, **개인의 행복한 삶은 공동생활을 통해 억눌리는 것이 아니라 오히려 촉진되므로, 이러한 공동생활의 (여러) 형태를 통해 개인의 행복한 삶, 즉 인간의 선(human good)을 이해할 필요가 있다.** 우리는 이론적 차원이나 고립된 상태에서 바람직스러운 성격 유형에 관하여 관심을 기울이지만, 다른 이들과의 상호작용의 수준에 대해서도 신경을 쓴다. 그렇다면 개인의 계획과 상호작용의 과정들, 즉 인간의 선을 위한 필수적 조건이면서 미래(에 대한 평가)를 가늠할 수 없게 하는 과정들과 동떨어진 채로 떠오르는 어떤 패턴화된 '**최종 상태(end-state)**'를 실현하려 해서는 안 되는 것이

다.[11]

이 구절에는 피니스가 자연권을 어떻게 이해하는지가 잘 응축되어 있다. 여기에는 고문받지 않을 권리, 더 높은 목적을 위한 수단이 되어 목숨을 빼앗기지 않을 권리, 기망당하지 않을 권리, 무고를 당하여 처벌받지 않을 권리, 생식 능력을 빼앗기지 않을 권리, "공동선이 필요로 하는 것이 무엇이라고 판단하든지 간에 존중받을" 권리가 포함된다.[12] 정의의 개념에 대해서는 4장에서 자세히 다루기로 한다.

피니스에 의하면, 어떤 사실들, 사변적인 원리들, 인간의 본성이나 선악의 본질에 관한 형이상학적 명제들, 자연에 대한 목적론적 이해와 같은 것들로부터는 자연법의 제일가는 원리들을 연역적으로 추론해낼 수 없다. 즉 피니스에 따르면, 토마스 아퀴나스가 명확히 하고자 한 점은, 우리 각자는 "소위 내면으로부터 자신의 본성을 느낌으로써" "자신이 끌린다고 느끼는 대상이 자신(은 물론이고 자신과 같은 타인들)을 위한 일반적인 형태의 선의 일례에 해당한다는 점"을 "추론을 거치지 않은 단순한 이해를 통해" 알게 된다는 것이다.[13] 즉 토마스 아퀴나스에게 도덕적으로 옳은 것을 찾는 일은, 인간의 본성에 부합하는 것을 찾는 일이 아니라 **합당한**(reasonable) 것을 찾는 일이다.

도덕적 딜레마: 낙태와 안락사

낙태와 안락사는 말 그대로 삶과 죽음에 관한 문제이며, 이는 곧 도덕과 법 모두에 관련되는 난제에 해당한다. 낙태는 특히 미국에서 상당한 논쟁을 불러일으키는 주제이다. 즉 낙태를 잠재적 인간에 대한 살인이라고 (이따금 격렬하게) 비난하는 기독교 단체들이 있는가 하면, 낙태를 여성의 신체에 대한 자기결정권과 직결되는 문제로 이해하는 여성주의자들도 있다. 두 진영이 서로 타협할 리 만무하다. 로널드 드워킨(Ronald Dworkin, 1931~2013)은 양측이 벌이는 심각하고 험악한 다툼을 선명하게 묘사한다. 다음은 『생명의 지배영역Life's Dominion』의 일부이다.

> 낙태를 둘러싼 찬반 논쟁은 17세기 유럽의 종교전쟁이 오늘날 미국에서 다시 일어난 듯 살벌하다. 찬성론자들과 반대론자들은 가두 행진을 벌이거나 낙태 시술소, 법원, 백악관 등지에 운집하여 항의 집회를 열면서, 상대편을 향해 고함을 지르고 침을 뱉으며 증오를 표출한다. 낙태로 말미암아 미국은 분열되고 있다.[14]

이러한 논란의 중심에는 미국 연방대법원이 1973년 **로우 대 웨이드**(Roe v. Wade) 사건에 대해 선고한 아주 유명한 판결이 있다.[15] 당시 텍사스주 형법에는 임산부를 살리기 위한 시술을 제외한 모든 낙태 행위를 처벌하는 조항이 있었는데, 연방대법원은 해당 조항이 사생활의 비밀과 자유라는 기본권(right to privacy, 프라이버시권)을 침해하기 때문에 헌법에 위반된다고 판단했다. 이 판결로 인해 미국의 주에서는 임신 6개월 이후부터만 태아의 생명을 보호하기 위해 낙태를 금지할 수 있게 되었다. 대다수의 기독교 단체들은 이 판결이 폐기되기를 바라 마지않는다. 합법적인 낙태에 대한 미국 여성들의 권리는 계속 유지되지 못할지도 모른다.

어쨌든 인간의 생명이라는 고귀한 가치는 여성의 신체에 대한 자기결정권과 도덕적으로 조화를 이루어야 한다. 대부분의 유럽 국가에서는 이러한 균형을 이루려는 노력을 입법자의 결단에 맡기고 있으며, 각국의 입법자는 법률에서 정한 특정한 조건하에 특정한 기간 내에서만 낙태를 허용하고 있다.

이 복잡한 문제에 대한 올바른 해법을 찾기 위해서 자신이 속한 사회의 도덕적 규범을 숙고할 필요가 있다. 인간의 생명이 고귀한 가치를 지닌다고 할 때, 태아는 고통을 느낄 수 있는 인간에 해당하는가? 만일 그렇다면, 태아의 생명을 빼앗는 일은 살아 있는 사람을 안락사시키는 것과 어떻게 구별될 수 있는가? 아직 태어나지 않은 태아의 건강과 행복이 원치 않은 임신을 유지해야 하거나 중증 장애아를 양육하는 불안과 비용, 어려움을 견뎌야 하는 여성의 고통보다 중요한 것인가?

이와 비슷한 문제는 안락사와 관련해서도 하릴없이 등장한다. 의사와 변호사, 그리고 종국에는 법관까지 개인의 '죽음을 맞이할 권리(the right to die)'를 인정할 것인지에 관한 쟁점을 피할 수 없게 되었다. 이와 관련하여 자주 하는 구별은 적극적 안락사와 소극적 안락사이다(이러한 구별이 항상 설득력을 갖는 것은 아니다). 적극적 안락사(active euthanasia)는 염화칼륨을 투여하는 것처럼 어떤 적극적인 행위를 통해 사람의 죽음을 앞당기는 것을 일컫는다. 대부분의 국가에서는 이러한 행위를 살인죄로 처벌한다. 소극적 안락사(passive euthanasia)는 연명의료중단과 같이 부작위를 통해 죽음에 이르는 시간을 연장하지 않는 것으로, 법조계나 의료계에서 이를 인도적 조처로 인정하고 있는 국가들이 많이 늘어나고 있다. 그러나 법원이 식물인간이 되어 스스로 어떤 결정도 내릴 수 없는, 회복 가능성이 없는 환자나 말기 환자에 대한 연명의료중단의 합법성 여부를 판단하는 일은 항상 쉽지만은 않았다.

환자의 생명을 빼앗는 행위가 도덕적이거나 합법적인지를 판단하는 일률적인 기준을 세우기는 어렵다. 예컨대 회복 가능성이 없는 환자와 말기 환자 사이에는 중요한 차이점이 있다. 나아가 같은 말기 환자의 경우에도 기력이 없는 상태(의식이 뚜렷하면서 스스로 호흡할 수 있는 환자)나 인공적인 지원이 필요한 상태(의식은 뚜렷하지만 인공호흡기를 착용하고 있는 환자), 의식이 없는 상태에서부터 집중 치료가 필요한 상태(환자가 혼수상태에 빠지고 인공호흡기를 착용하고 있는 경우)까지 저마다 다양한 상태에 놓여 있다. 각 상태별로 문제되는 요소들은 서로 다르다.

법이 이러한 유형의 도덕적 난제를 다루어야 할 때 등장하는 복잡다단한 차이들을 보면, '죽음을 맞이할 권리', '자율성', '자기결정', '생명의 고귀함'과 같은 표어를 내건다고 해서 이러한 도덕적 난제가 해결되지 않는다는 점을 알 수 있다. 이러한 상황에서는 법원이 가장 적절한 결정권자가 아닐지도 모른다. 그렇다고 달리 현실적인 대안이 있는가? (영국과 미국의) 법원에서 내린 다음 두 가지 판결을 살펴보면, 이러한 문제가 법률가들을 얼마나 곤혹스럽게 하는지를 알게 된다.

우선 영국의 판결은 1989년 관중이 가득 들어찬 축구 경기장에서 벌어진 참사에서 비롯된다. 이 사고로 말미암아 리버풀 축구팀을 응원하던 18세 소년 앤서니 블랜드(Anthony Bland)는 저산소성 뇌 손상을 입고 식물인간이 되고 말았다. 대뇌와 척수를 잇는 뇌간에는 이상이 없었지만, (의식, 의사소통, 수의운동을 주관하는 부위인) 대뇌 피질이 산소 부족으로 손상되었던 것이다. 그러나 그가 '법적으로 사망'한 것은 아니었다. 판결에는 그의 비참한 상태가 다음과 같이 묘사되어 있다.

그는 병원에 누워 (…) 콧구멍에서 식도를 지나 위까지 연결된 관에 유동식을 밀어넣는 방식으로 식사를 한다. 소변은 음경에 삽입된 가느다란 관을 통해 내보내는데, 그러다 관과 닿는 부위에 염증이 생길 때면 음경을 붕대로 감고 항생제를 투여해야 했다. 뻣뻣해진 관절은 그의 사지를 힘껏 수축시킨다. 그리하여 양팔은 굽은 채로 가슴에 밀착되어 있고, 양다리는 부자연스럽게 뒤틀려 있다. 목구멍에서 일어나는 반사운동으로 인해 입 주변에는 토사물과 침이 질질 흐른다. 앤서니 블랜드는 이 모든 것을 의식하지 못하며, 병실을 번갈아 드나드는 가족들의 기척도 전혀 느낄 수 없다. (…) 이처럼 의식조차 없는 암울한 상태는 (…) 가실 줄을 모른다. [16]

예후는 좋지 않았고, 이 비참한 상태는 오래 이어질 것 같았다. 블랜드의 담당 의사들은 인공호흡기를 떼어내고 항생제 투여를 중단하며 영양분과 물 공급을 끊되, 그가 최소한의 통증을 느끼면서 존엄하게 죽음을 맞이할 수 있는 처치를 이어가도록 허락해줄 것을 법원에 신청했다. (장애인을 위하여 활동하는) 영국 법무부 소속 변호사(Official Solicitor)는, 이러한 조치는 의사의 환자에 대한 의무를 저버리는 일이며 범죄에 해당한다는 입장을 견지했다.

그러나 법원은 자기결정권이 생명권에 앞선다고 판단했다.

즉 의사는 환자의 권리를 침해하지 않도록 이러한 우열을 지켜야 한다고 판결했다. 또 이러한 판단은 환자가 자신이 식물인간이 된다면 유동식 주입과 같은 연명의료를 받지 않겠다는 의사를 분명히 표명했을 경우에 특히 타당하다고도 했다. 재판부를 구성한 다섯 명의 법관 모두 블랜드가 죽음을 맞이하도록 해야 한다는 점에는 동의했다. 그러나 과연 이러한 경우에 법은 무엇이며 무엇이어야 하는지에 관하여는 의견의 일치를 보지 못했다. 생명의 고귀함과 환자의 자율성을 부인하는 법관은 한 명도 없었지만, 연명의료에 관한 블랜드의 명시적인 의사가 없는 경우에 이러한 가치들을 어떻게 조화시켜야 하는지는 여전히 의문으로 남았던 것이다.

유사한 사건들이 미국이나 캐나다의 법원에서도 심리된 바 있다. 그중에서도 **크루잔 대 미주리주 보건국장**(Cruzan v. Director, Missouri Department of Health) 사건에 대한 미국 연방대법원 판결이 잘 알려져 있다.[17] 25세 여성 낸시 크루잔(Nancy Cruzan)은 사고로 식물인간이 되었는데, 그녀의 부모는 딸이 식물인간으로는 연명하지 않겠다는 의사를 이전에 명시적으로 밝히지는 않았지만, 만일 딸에게 그 의사를 물어볼 수 있었다면 딸은 삶을 이런 방식으로 이어가기를 원하지 않았을 것이라는 논리로 재판부를 설득하려 애썼다. 그러나 연방대법원은, 주 정부는 존엄한 생명을 보호하는 일에 관여

해야 한다고 판결했다. 미국이나 캐나다의 사법부에서는 생명의 보호를 위한 주 정부의 개입을 중시한다.

영국 법원에서는 블랜드에게 영양분과 물 공급을 중단한 행위가 범죄에 해당하지 않는다고 보았다. 왜 그런가 하면 그가 회복할 가능성은 거의 없었으며, 비록 연명을 중단시키는 결정이 그에게 최선은 아닐지라도 식물인간으로 연명하는 결정 역시 최선이 아니기는 마찬가지였기 때문이다. 해당 재판부는 환자의 동의 없이 영양분과 물을 공급하는 처치와 이를 계속 유지할 의무를 뒷받침할 근거가 없다고 판단했다. 그리고 이러한 의무가 전제되지 않는다면, 영양분과 물을 공급하는 일을 중단했다고 하여 처벌할 수는 없다는 것이다.

법관들도 이토록 어려운 문제 앞에서는 난처해질 수밖에 없다. 하지만 환자가 '사전에 연명의료에 관한 의사를 밝힌 경우(living will)'에는 판결에 대한 부담은 상당히 줄어든다. 예컨대 환자가 다음과 같은 내용을 미리 작성한 경우에 그렇다. "만일 본인에게 육체적으로나 정신적으로 이상이 생겨 치료를 받을지 여부를 본인이 스스로 결정할 수 없게 되고, 아래와 같은 의학적 상태(두 명의 의사가 각자 독자적으로 판단하기에, 합리적으로 볼 때 본인이 회복할 가능성이 없다고 증명한 경우)에 빠지게 된다면, 본인은 연명의료를 받지 않을 것임을 분명히 밝힙니다."

법실증주의자는 자연법론자의 핵심 주장들을 받아들이지 않으며, 특히 어떤 규범의 법적 효력이 **필연적으로** 그 규범이 가지는 실질적이고 도덕적인 성질에 따라 좌우된다는 생각에 반대한다. 법실증주의에 대한 논의는 바로 다음 장에서 이어진다.

제 2 장

법실증주의

어느 강력한 군주가 자신의 백성들에게 명령을 내리는 장면을 상상해보라. 백성들은 군주의 뜻을 받들어야 할 의무를 진다. 이처럼 법이 곧 명령이라는 생각은 고전적 법실증주의의 핵심을 이룬다. 위대한 법실증주의자인 제러미 벤담과 존 오스틴도 그렇게 생각했다. 오늘날 법실증주의자들은 법의 개념을 훨씬 더 섬세하고 까다로운 방식으로 다루고 있으나, 이들이 (1장에서 살펴본 자연법론자들이 생각하는) 법과 도덕의 관계를 부정한다는 점은 벤담이나 오스틴의 입장과 진배없다. 법은 자연에서 도출되는 일련의 명제들로 구성되며 이성을 가지고 잘 생각해보면 이를 파악할 수 있다는 자연법론자들의 주장은 법실증주의자들에게는 전혀 먹혀들지 않는다.

이번 장에서는 법실증주의자들이 법과 도덕, 그리고 양자의 관계를 어떻게 이해하는지를 들여다보자.

'실증주의(positivism)'라는 용어는 '내려진(laid down)' 또는 '세워진(posited)'이라는 뜻의 라틴어 'positum'에서 유래한다. 그래서 법실증주의자들은 법을 누군가에 의해 '내려진 법'이나 '세워진 법'으로 이해한다. 법실증주의자들은 법 효력의 밑절미에는 객관적으로 증명할 수 있는 무엇이 있다고 여긴다. 쉽게 말해, (과학실증주의와 마찬가지로) 법실증주의는, 법을 인간의 제정 행위와 무관하게 존재하는 것으로 보는 자연법론의 입장과는 대척점에 서 있다. 이번 장에서 분명히 밝혀지겠지만, 벤담이나 오스틴을 비롯한 초기 법실증주의자들은 법의 근원을 군주의 명령에서 찾았다. 허버트 하트는 법을 다른 사회적 규칙들과 구별하는 잣대로서 승인규칙을 논구했다. 한스 켈젠은 헌법에 효력을 부여하는 근본규범을 구명했다. 법과 도덕 사이에는 필연적인 관계가 없다는 주장이나 법적 개념은 연구할 만한 가치가 있지만 이에 대한 연구는 사회학적·역사학적 조사나 비판적 평가와는 별개(의 것이며, 그렇다고 그러한 조사나 평가가 무의미하다는 뜻은 아니)라는 주장도 법실증주의에 속하는 경우가 많다.

법실증주의자치고 '있는 법'이 (연구와 분석을 위해서는) '도덕적으로 있어야 할 법'과 구별되어야 한다는 주장에 반대할 사람은 아무도 없다. 달리 말해, '존재'(실제로 존재하는 것)와 '당위'(도덕적으로 바람직한 것)를 반드시 구분해야 한다는 점을 모르는 법실증주의자는 없다. 그렇지만 법실증주의자들이 도덕적 문제에 무관심한 것은 아니다. 대다수의 법실증주의자는 법을 비판하고 법을 개선하기 위한 방안을 제시한다. 이러한 비판과 제안은 도덕적 판단과 결부되는 경우가 많다. 그러나 법실증주의자들은 하나같이 법을 가장 효과적으로 분석하고 이해하기 위해서는 법이 무엇인지를 밝혀낼 때까지 도덕적 판단을 유보해야 한다고 생각한다.

또 법실증주의자라고 해서 악법도 법이기 때문에 지켜야한다는 입장을 견지할 필요는 없다(법실증주의자들이 이러한 입장을 지지한다고 믿는 사람들이 많다). 오히려 오스틴과 벤담은 더 나은 변화를 위해서라면 악법을 지키지 않아도 된다고 인정한 바 있다. 가장 중요한 현대 법실증주의자인 허버트 하트의 생각도 들어보자.

사람들이 무엇을 준수하고 있다고 해서 그것에 법적 효력이 있다는 점이 증명되지는 않는다. (…) 공적 체제가 가질 수 있는 위엄과 권위의 아우라가 아무리 크다고 한들, 이러한 공적 체제의 요구는 결국 도덕적 심사를 피할 수 없는 것이다.[18]

(벤담과 마찬가지로) 하트가 보기에, 바로 이러한 점이야말로 법실증주의가 가지는 중요한 미덕들 가운데 하나이다.

벤담과 오스틴 : 법은 명령이다

제러미 벤담(Jeremy Bentham, 1748~1832)은 다작을 통해 법실증주의는 물론이거니와 법과 법체계에 관한 체계적인 분석에도 크게 기여했다. 벤담은 자기 시대의 케케묵은 생각이나 관행을 들춰내고는, 공리의 원리(principle of utility)에 기초하여 법학, 논리학, 정치학, 심리학을 포괄하는 이론을 구성했다. 그뿐만 아니라, 벤담은 법을 개선하려는 목적으로 거의 모든 주제를 아우르는 글을 쓰기도 했다. 영국의 보통법(common law)에 대한 벤담의 비판과 그 이론적 논거에는 잔뜩 날이 서 있었다. 계몽주의 정신의 영향을 받은 벤담은 보통법을 냉철한 이성을 통해 조명했다. 벤담은 어렵고 복잡해 보이는 법을 알기 쉽게 풀어내려 했으며, 전매특허라 할 법한 신랄한 논조로 법의 가면을 벗겨 그 뒤에 무엇이 놓여 있는지를 밝히고자 했다. 벤담은 자연법론을 '개인적인 견해를 감추어놓은 것'이나 '자칭 입법자들의 한낱 의견에 불과한 것'으로 치부한다(그림 4 참조).

벤담이 보기에, 보통법은 언제나 불확정적이다. 불문법

4. 제러미 벤담, 그는 법학계의 마르틴 루터(Martin Luther)인가? © Ann Ronan
Picture Library/HIP/TopFoto.co.uk

(unwritten law)은 본래 모호하고 불명확하기 마련인데, 불문법에 해당하는 보통법은 모든 사람이 확인할 수 있는 기준이 될 수 없고, 따라서 보통법을 통해 사람들에게 특정한 행동을 명령하거나 금지할 수 있다고 기대하는 것은 무리라는 것이다. 이처럼 혼란스러운 보통법에 대해서는 체계적인 접근이 필요했다. 벤담에게 그러한 체계적 접근이란 다름 아닌 법전을 편찬하는 것이었다. 법전이 있다면 법관의 권력은 현저히 제한될 것이다. 사법부의 기능은 법을 해석하는 일보다는 법을 그대로 적용하는 일에 집중될 것이기 때문이다. 또 그렇게 되면 변호사도 그다지 필요하지 않을 것이다. 왜냐하면 사람들이 변호사의 도움 없이도 법전을 이해하는 데 어려움을 겪지 않을 것이기 때문이다. 그러나 로마법의 영향을 받아 이미 1804년에 2281개의 조문으로 구성된 '나폴레옹 법전'이 공포되었던 대륙법계의 경우와는 달리, 영미법 국가에서 모든 법을 법전에 담아내기란 여전히 요원한 일이 아닐 수 없다.

존 오스틴(John Austin, 1790~1859)이 그의 주저『법학의 영역The Province of Jurisprudence Determined』[19]을 펴낸 해는 1832년, 즉 벤담이 사망한 해였다. 오스틴은 벤담의 제자였던 만큼 명령설에 입각하여 법을 이해했다. 그러나 명령이 무엇인가에 관하여 벤담만큼이나 정치한 설명을 제시하지는 못했다. 벤담과 오스틴 모두 주권자의 권력에 사람들이 복종하는 점을 강조하지만, 오스틴의 이론은 명령을 통해 사람들의 행위를 통제하는 측면을 부각하기 때문에 형사법의 테두리를 넘어서까지 진척되지는 못한 것으로 여겨지기도 한다. 오스틴은 명령을 법의 특성과 동일시함으로써 벤담보다는 제한적인 이해에 머물렀다는 것이다. 이에 비해 벤담은 입법자의 의지가 제대로 표현된, 단일하고 완전한 법(a single, complete law)을 정립하고자 했다.

물론 벤담과 오스틴은 법학의 연구 대상을 법의 주된 특성에 대한 해명과 설명으로 한정하려 했다는 공통점을 가진다. 그러나 오스틴이 설명한 '법으로 부르기에 적합한 것(laws properly so called)'은 벤담이 설명했던 것보다 훨씬 협소하다. 그리고 거기에는 두 가지 범주, 즉 신법(laws of God)과 인정법(human laws)이 포함된다. 인정법(인간이 인간을 위해 제정한 법)은 다시 두 가지로 구분된다. 하나는 실정법, 즉 '법으로 부르기에 가장 적합한 것(laws strictly so called)'으로서 정치적 지배자가 제정한 법이거나 법적 권리를 보장하기 위해 만든 법이다. 다른 하나는 정치적 지배자가 제정하지도 않았고 법적 권리를 보장하기 위해 만들지도 않은 법이다. '법으로 부르기에 부적합한 것(laws improperly so called)'도 두 갈래로 나뉘는데, 하나는 법과 비슷해 보여서(by analogy) 법이라고 부르는 것(예: 드레스 코드laws of fashion, 헌법constitutional law, 국제법

international law)이고, 다른 하나는 법이라는 표현을 은유로(by metaphor) 사용하는 것(예: 중력의 법칙law of gravity)이다. '정치적 지배자가 제정하지도 않았고 법적 권리를 보장하기 위해 만들지도 않은 법'과 마찬가지로, '법과 비슷해 보여서 법이라고 부르는 것'은 그저 '실정도덕(positive morality)'에 불과하다. 즉 오스틴이 볼 때 법학의 연구 주제로 적합한 것은 실정법밖에 없다.

벤담은 공리주의자(4장 참조)이면서 법 개혁가로 잘 알려져 있다. 이 밖에도 벤담은 법학을 이른바 '설명적 법학(expositorial jurisprudence)'과 '비판적 법학(censorial jurisprudence)'으로 구분하고자 했다. 전자는 있는 법을 설명하고, 후자는 있어야 하는 법을 다룬다고 한다. 오스틴 역시 벤담 못지않게 이러한 구분을 엄격히 지키려 하지만, 오스틴의 연구 범위나 목적은 벤담의 것에 비하면 폭이 좁았다.

벤담과 오스틴 모두 도덕을 공리주의의 관점에서 이해하고자 했고, 법학의 특성과 기능, 보통법의 심각한 결함 등에 관하여 대체로 비슷한 생각을 갖고 있었지만, 각자가 이러한 주제에 접근하는 방식에는 몇 가지 중요한 차이가 있다. 특히 (앞서 언급한 바와 같이) 벤담은 입법자의 의지가 제대로 표현된, 단일하고 완전한 법을 정립하고자 했다. 그리고 어떻게 단일한 법이 단일한 위법행위(법에 규정된 해당 유형의 위법행위가

가장 구체적인 형태로 정의되는 것을 말한다)를 창출하는지를 설명하고자 했다.[20]

반면, 오스틴은 권리의 분류를 토대로 법체계에 관한 틀을 구축했기 때문에, (벤담의 경우와는 달리) '완전한' 법을 만들어야 하는 문제에는 봉착하지 않았다. 벤담은 포괄적인 법을 기획하고 이를 위한 '입법 기술(art of legislation)'을 마련하기 위해 복잡한 '의지의 논리(logic of the will)'를 해명했다. 그러나 오스틴은 벤담의 입법 기술보다는 법에 관한 학문을 수립하는 데 관심을 기울였다. 또 벤담이 (특히 법관의) 자의적인 권력을 견제할 수 있는 수단을 고안하려 애썼던 반면, 오스틴은 이러한 문제에 대해서는 상대적으로 무관심한 편이었다.

법학의 영역에 관한 오스틴의 이론은 '법이란 주권자의 명령'이라는 생각에서 그 핵심적 성격을 찾을 수 있다. 오스틴에 따르면, 명령이 아니라면 애초에 법이 아닌 것이며, 일반적인 명령만이 법으로 인정된다. 그리고 주권자가 내린 명령만이 '실정법'에 해당한다. 오스틴은 법을 명령으로 이해했으므로, 관습법과 헌법, 국제법을 법학의 연구 대상에서 배제할 수밖에 없었다. 왜냐하면 관습법과 헌법, 국제법은 이를 제정한 주권자를 구체적으로 확인할 길이 없기 때문이다. 그러다보니 국제법의 경우를 보더라도 주권 국가들이 국제법에서 정하는 사항을 함부로 어기는 일이 비일비재하다는 것이다.

그러나 벤담은 주권자가 법을 제정하는 방법을 네 가지로 구분했으며, 명령은 단지 그 가운데 하나에 해당할 뿐이다. 그는 특정한 행위를 명령하거나 금지하는 법(imperative laws)과 특정한 행위를 허용하는 법(permissive laws)을 구별한다. 벤담이 보기에, 모든 법은 형법과 민법의 속성을 두루 가진다. 따라서 소유권에 관한 사안에서도 형법의 요소가 존재한다. 벤담은 어떠한 의무나 제재를 부과하지 않는 법(벤담은 이를 '민법'이라 부른다)은 '완전한 법'이 아니라, 그저 법의 일부에 불과하다고 한다. 그리고 법전을 편찬하는 것이 주된 목표였던 벤담은 형법과 민법을 체계적으로 구분할 필요가 있음을 강조했다.

오스틴에게도 명령과 제재의 관계는 상당히 중요하다. 실제로 오스틴의 명령 개념에는 명령을 준수하지 못했을 경우 제재가 부과될 가능성이 포함된다. 여기서 제재란 무엇인가? 오스틴에 따르면, 제재란 주권자가 바라는 바를 준수하지 못한 사람에게 부과되는 손해나 고통, 해악으로 정의된다. 명령을 어기는 자에게 제재가 가해질 가능성이 현실적으로 존재해야 한다는 것이다. 오스틴에 의하면, 최소한의 손해나 고통, 해악이 가해질 수 있다는 위협(threat)만 있으면 된다. 그러나 제재가 부과될 가능성이 없이 한낱 바람을 표현하는 것은 명령이 아니라고 한다. 따라서 의무는 제재의 관점에서 정의되

철학적 박제술?

법실증주의자들은 자신들이 문제를 해결하고 새로운 생각을 지지하는 법이론을 전개한다고 여길 테지만, 자연법론자들은 그러한 이론이 예외 없이 법을 무력화하고 왜곡한다고 생각한다. 이러한 비판에 따르면, 법실증주의는 (…) 좋은 의도에서 나온 사상이기는 하나, 극단으로 치닫고 만다. 해명에 대한 열정, 아니 사람들을 깜짝 놀라게 하려는 열의로 가득찬 나머지, 법실증주의자들은 법을 중요하지 않게 보이도록 탈바꿈시킨다는 것이다. 자연법론자들이 보기에, 법실증주의는 일종의 철학적 박제술(philosophical taxidermy)이다. 즉 법실증주의자들은 법이라는 육신에서 도덕과 관련된 내장과 혈액을 적출하고서는 (벤담의 시신이 방부 처리되어 유니버시티 칼리지 런던에 전시되어 있는 것처럼) 이를 박제로 만들어 마치 법이란 실제로 그런 것인 양 전시해놓는다는 것이다. [21]

며, 이러한 생각이 바로 오스틴이 주장하는 명령설의 근본에 자리한다. 그런데 제재가 부과될 가능성이 언제나 확실하지는 않다보니, 오스틴은 '최소한의 해악을 입을 가능성이 조금이라도 있으면' 제재에 해당한다는, 다소 불만족스러운 입장을 취할 수밖에 없었다.

벤담과 오스틴의 이론에는 명령을 내리는 주권자라는 관념이 줄곧 등장한다. 벤담과 오스틴 모두 주권자의 법에 대체로 복종하는 사람들의 관행에 의해 주권자의 권력이 성립되는 것으로 본다는 점에 주목할 필요가 있다. 하지만 양자는 이러한 차이도 보인다. 즉 오스틴이 주권자의 무제한성과 불가분성을 고수하는 반면, 연방 제도의 중요성을 잘 알고 있던 벤담은 최고의 입법권이 그가 명시적 헌장(express convention)이라고 부르는 것에 의해 제한되거나 나뉠 수 있다는 점을 인정한다.

오스틴은 명령의 네 가지 특성(바라는 것, 제재, 바라는 것의 표현, 일반성)에다 다섯번째 특성으로 누구인지 확인이 가능한 정치적 지배자, 즉 주권자를 추가한다. 정치적 피지배자들은 주권자의 명령에 대해 복종하지만, 주권자는 그 누구에게도 복종하지 않는다. 이와 같이 전능한 입법자에 관한 생각을 고수하다보면, (미국, 캐나다, 오스트레일리아와 같이) 의회의 입법권에 헌법적 제한을 가하거나 입법권을 연방 의회와 주 의회로 분할시킨 국가들의 법체계를 온전히 이해할 수 없게 된다. 반면, 벤담은 주권이 제한되거나 분할될 수 있다는 점을 인정하고, 입법에 대한 사법부의 심사 가능성을 (내켜 하지는 않지만) 받아들인다.

오스틴에 따르면, '법으로 부르기에 적합한 것(laws properly so called)'은 주권자의 명령에 국한되어야 하는데, 이러한 주장을 통해 오스틴은 사회 구성원들이 가진 복종의 관행을 주권에 대한 이해의 토대로 삼는다. 더욱이 주권자가 누구인지 분명히 알 수 있어야 한다고 한다(다시 말해, 주권을 지닌 조직의 구성이 불분명해서는 안 된다). 왜냐하면 "누구인지 불분명한 주권자는 명시적으로건 암묵적으로건 간에 명령을 내릴 수 없으며, 또한 복종이나 순종의 대상이 될 수 없기"[22] 때문이다. 이러한 이유에서 (널리 알려져 있듯) 오스틴은 국제법과 관습법, 상당수의 헌법을 '법'으로 인정하지 않는다.

이에 더해, 오스틴은 법을 정의할 때 제재가 필수불가결한 요소라는 점을 고수함으로써 의무를 제재의 관점에서 정의하고자 한다. 즉 주권자가 자신이 바라는 것을 표현하고 해악(제재)을 가할 권한을 가진다면, 사람들은 주권자의 바람에 맞게 행동해야 할 의무를 진다는 것이다. 여기서 '바라는 것(wish)'과 '바라는 것의 표현(expression of a wish)'의 차이는 법률안과 법률의 차이와 유사하다.

의무와 제재를 결부 짓는 오스틴의 이론은 상당한 비판을 낳았다. 오스틴은 의무를 위반하면 일반적으로 제재가 가해진다는 점을 (형식적으로) 보여주려고 했을 수도 있지만 말이다. 다시 말해, 오스틴은 법을 준수하는 이유가 무엇인지 또는 법을 준수해야 하는지 여부가 아니라, 법적 의무가 존재하는 경우에 관해 설명하고자 했다. 그렇다고는 해도, 오스틴이 의무 개념에 터무니없이 중요한 의미를 부여했다는 점은 의심할 여지가 없다. 혼인, 계약, 유언 등에 적용되는 법은 직접적인 의무를 부과하지 않는 경우가 많다. 사람들은 이러한 법률행위를 해야 하는 의무를 지지는 않지만, 이러한 법률행위가 법의 일부를 이룬다는 점은 확실하다. 허버트 하트는 이러한 법률행위를 '권한을 부여하는 규칙(power-conferring rules)'이라고 부른다(이에 관하여는 뒤에서 살피기로 한다).

몇 마디 덧붙이자면, 벤담은 오스틴이 말하는 제재가 없는 경우에도 주권자의 명령이 법을 구성하리라는 점을 인정했다. 벤담에 따르면, 법은 처벌('특정 행위를 강제하려는 동기coercive motives')과 보상('특정 행위를 유도하려는 동기alluring motives') 모두를 포함하지만, 그렇다고 해서 처벌과 보상이 법을 규정하는 기본적 속성인 것은 아니다(오스틴에게는 그렇다). 그러므로 오스틴의 이론이 지닌 중대한 약점인 법과 법체계에 대한 편협한 이해는 벤담의 이론과는 무관한 것이다.

벤담과 오스틴은 현대 법실증주의의 초석을 다졌다. 하지만 이들의 이론은 오늘날 법실증주의자들에 의해 상당 부분 개선되거나 발전되어 왔고, 심지어 반박의 대상이 되기도 했다. 이제부터는 현대 법실증주의를 대표하는 허버트 하트, 한스 켈젠, 조셉 라즈의 이론을 조명해보고자 한다.

허버트 하트: 법은 사회적 규칙이다

허버트 하트(Herbert Lionel Adolphus Hart, 1907~1992)는 분석철학, 특히 언어철학의 기법들을 법학에 적용함으로써 현대 법이론의 기틀을 마련하여 많은 이들의 인정을 받고 있다(그림 5 참조). 하트는 법적 개념들의 의미, 사람들이 법적 개념들을 사용하는 방식, 사람들이 법과 법체계에 대해 생각하는 방식 등을 밝히고자 했다. 가령 그는 다음과 같은 질문을 던졌다. '권리'를 가진다는 말은 무슨 의미인가? 법인이란 무엇인가? 또 의무란 무엇인가? 하트는 법이 등장하고 전개되는 개념적 맥락을 이해하지 못하면 법을 제대로 이해할 수 없다고 주장한다. 예컨대 하트는 언어의 '개방적 구조(open texture)'에 주목한다. 즉 단어들(과 단어들로 구성된 규칙들)은 여러 가지 분명한 의미를 지니지만, 그 단어가 적용되는지 안 되는지를 결정하기 어려운 '모호한(penumbral)' 경우가 얼마간은 항상 존재한다는 것이다. 하트가 1961년에 출간한 『법의 개념 The Concept of Law』[23]은 법이론의 고전으로 자리매김하여 많은 법률가의 주목을 끌어왔다.

하트의 법실증주의는 법을 대체로 강제라고 파악하는 벤담과 오스틴의 법실증주의와는 사뭇 다르다. 하트는 법을 해당 공동체에 실재하는 사회적 관행을 기술함으로써만 이해할 수 있는 사회적 현상으로 파악한다. 하트에 따르면, 공동체가 존

5. 허버트 하트: 현대 법실증주의의 아버지. ⓒ Joseph Raz

속하기 위해서는 일정한 기본 규칙들이 필요하다. 하트는 이러한 규칙들을 "자연법의 최소한의 내용(the minimum content of natural law)"이라 부른다. 이는 다음과 같은 주요 속성들로 드러나는 인간의 조건에서 기인하는 것이다.

'인간의 취약성': 모든 인간은 물리적 공격에 취약하다.

'평등에 가까운 상태': 가장 강한 사람조차도 잠을 잘 때가 있다.

'제한된 이타주의': 인간은 대체로 이기적이다.

'한정된 자원': 인간은 먹을 것과 입을 것, 쉴 곳이 필요한데, 이러한 자원은 한정되어 있다.

'부족한 이해력과 의지력': 인간은 서로 협력할 수 있을 만큼 의지할 수 있는 대상이 아니다.

이러한 인간의 나약함으로 인해 인신과 재산을 보호하기 위한 규칙들과 약속을 어기지 않도록 보장하기 위한 규칙들을 제정할 필요가 있다. 그러나 하트가 '자연법'이라는 진부한 문구를 사용하더라도, 법이 도덕으로부터 도출된다거나 법과 도덕 사이에 필연적으로 개념적 연관성이 있다는 입장을 취하는 것은 아니다. 또 하트가 '자연법의 최소한의 내용'을 통해 공정하고 정의로운 사회가 보장된다는 주장을 펼치는 것도 아니다. 하트는 공리주의(4장 참조)와 오스틴과 벤담이 주장한 법명령설로부터 벗어난 법실증주의를 기획했다. 특히 법명령설에 대한 하트의 반박은, 법이란 총 든 강도의 명령, 즉 제재의 부과를 전제한 명령을 넘어서는 무엇이라는 생각에 기초한다.

하트의 이론의 핵심은, 법을 다루는 공직자들이 입법 절차를 규정한다고 인정하는 기본 규칙들이 존재한다는 점에 있다. 이러한 규칙들 가운데 하트가 가장 중요하게 생각하는 것은 승인규칙(rule of recognition)이다. 승인규칙은 법체계의 근간을 이루는 헌법적 규칙이며, 법을 집행하는 공직자들은 이 승인규칙을 어떤 규칙이 실제로 규칙에 해당하는지 여부를 확인할 수 있는 효력 조건이나 기준을 명시한 규칙으로 인정한다.

중심에서 밀려난 법실증주의자들?

분석적 법실증주의자들은 법에 대한 개념적 연구를 법의 실체나 정치철학과는 별개의 것으로 다루어왔다. 그러나 분석적 실증주의자들이 주로 자기들끼리만 의견을 교환하다보니, 이들은 학계와 실무의 중심에서 밀려나고 말았다. [24]

하트의 분석에 따르면, 법이란 규칙들로 이루어진 체계이다. 하트의 논증은 다음과 같이 이어진다. 모든 사회에는 사회적 규칙들이 있다. 이러한 사회적 규칙에는 도덕이나 놀이와 관련되는 규칙도 포함되고, 의무를 부과하는 규칙도 들어간다. 의무를 부과하는 규칙은 다시 도덕적 규칙과 법적 규칙(여기서의 법적 규칙은 법과 같은 말이다)으로 구분될 수 있다. 앞서 언급했던 인간의 한계들로 말미암아, 의무를 부과하는 규칙은 모든 사회에 꼭 필요하다. 법적 규칙은 다시 일차적 규칙(primary rules)과 이차적 규칙(secondary rules)으로 나눌 수 있다. 인간은 살아가면서 남을 때리거나 남의 것을 훔치거나 남을 속이고 싶은 유혹에 사로잡히곤 하지만, 서로 가까이서 공존하기 위해서는 이러한 유혹을 이겨내야 하는 것이 보통이다. 일차적 규칙은 바로 이러한 폭행, 절도, 사기를 금지한다. 원시사회의 규칙들은 통상 이처럼 의무를 부과하는 일차적 규칙에 국한된다.

그러나 사회가 더욱 복잡해지면, 일차적 규칙을 변경할 필요가 생기고, 일차적 규칙을 위반한 사건을 재판할 필요도 생기며, 어떤 규칙이 실제로 의무를 부과하는 규칙에 해당하는지 여부를 확인할 필요도 생긴다. 현대 사회에서 이러한 세 가지 필요성은 세 가지의 이차적 규칙들, 즉 변경규칙, 재판규칙, 승인규칙이 도입됨으로써 충족된다. 일차적 규칙과는 달리, 이차적 규칙에 해당하는 변경규칙과 재판규칙은 의무를 부과하지 않고, 권한을 부여하는 것이 일반적이다. 하지만 승인규칙은 (대체로 법관에 대하여) 의무를 부과하는 것으로 보인다. 승인규칙에 대해서는 뒤에서 더 상세히 다루기로 한다.

법체계가 존재하기 위해서는 두 가지 조건이 반드시 충족되어야 한다. 첫째, 의무를 부과하는 유효한 규칙들이 사회 구성원들에 의하여 일반적으로 준수되어야 한다. 둘째, 공직자들은 변경규칙과 재판규칙을 받아들여야 하고, 승인규칙도 "내적 관점에서(from the internal point of view)" 수용해야 한다.

앞서 언급한 바와 같이, 하트는 규칙을 명령으로 보는 오스틴의 생각에 동의하지 않으며, 규칙이 외부에서 관찰할 수 있는 활동이나 관행을 통해서만 확인되는 현상이라는 생각에도 반대한다. 그 대신 하트는 규칙의 **사회적** 차원, 즉 사회 구성원들이 규칙을 이해하는 방식과 그러한 방식에 대한 사회 구성원들의 태도를 고려해야 한다고 주장한다. 이러한 '내적' 관점을 통해 규칙에 해당하는 것과 관행에 불과한 것이 구분된다.

따라서 하트가 든 예를 빌려 말하자면, 체스 선수들 역시 (퀸을 옮길 때 비슷한 관행을 따르면서도) 퀸을 옮기는 방식에 대해 "비판하고 반성하는 태도(a critical reflective attitude)"를 취한다. 체스 선수들은 저마다 이러한 방식이 체스를 두는 모든 이들에게 **기준**이 된다고 여긴다. 체스 선수는 다른 선수를 평가하면서 이러한 관점을 드러내며, 자기 자신이 비판의 대상이 되는 경우에도 그러한 비판의 정당성을 인정한다.

달리 말하면, 규칙의 본질을 이해하기 위해서는 그러한 규칙을 **경험**하거나 그러한 규칙에 대해 평가하는 사람의 관점에서 규칙을 검토해야 한다는 것이다. 하트는 또한 '규칙'이라는 개념을 '무언가를 할 수밖에 없는 상태(being obliged)'와 '무언가를 해야 할 의무를 지는 상태(having an obligation)'를 구분하기 위해 사용한다. 하트에 따르면, 권총을 든 강도가 당신에게 '돈 내놔! 그러지 않으면 쏜다!'라고 말할 경우, 당신은 돈을 내놓을 수밖에 없지만, 그렇다고 해서 당신이 돈을 내놓아야 할 '의무'를 부담하는 것은 아니다. 왜냐하면 강도에게 돈을 내놓아야 할 의무를 부과하는 규칙이란 존재하지 않기 때문이다.

하트는 일차적 규칙의 본질과 목적에 관해 서술한 다음, 모든 법체계는 세 가지의 이차적 규칙을 포함한다는 점을 보여주고자 했다. 첫번째 규칙은 변경규칙(rules of change)이다. 변경규칙이 있기 때문에, 입법부나 사법부가 일차적 규칙이나 특정한 이차적 규칙(예: 재판규칙)을 변경할 수 있게 된다. 이러한 변경의 과정은 개인이나 집단(예: 의회)에 일정한 절차에 따라 법률을 제정할 권한을 부여하는 이차적 규칙에 의해 규율된다. 변경규칙은 일반 국민에게 자신들의 법적 지위를 (가령, 계약이나 유언을 통해) 변경시킬 수 있는 권한을 부여하기도한다.

두번째 규칙은 재판규칙(rules of adjudication)이다. 재판규칙은 법관과 같은 개인에게 주로 일차적 규칙을 위반한 사건을 재판할 수 있는 권한을 부여한다. 이러한 권한은 규칙을 위반한 자를 처벌하거나 그러한 자로 하여금 손해를 배상하도록 할 추가적인 권한과 관련되는 것이 보통이다.

세번째 규칙은 승인규칙(rule of recognition)이다. 승인규칙에는 법체계의 모든 규칙의 효력을 확인하는 기준이 규정되어 있다. 앞서 언급한 바와 같이, 변경규칙이나 재판규칙과는 달리, 승인규칙은 (부분적으로는) 의무를 부과하는 것으로 보인다. 즉 승인규칙은 (특히 법관처럼) 공권력을 행사하는 자에게 일정한 규칙을 따를 것을 요청한다. 하트의 주장에 따르면, 승인규칙에 의해 정립된 기준을 충족하는 규칙들만이 법체계에서 효력을 가지는 규칙에 해당한다. 프랑스에 보관된 미터(metre)의 표준 원기(1미터를 측정했던 가장 확실한 기준)와 비슷하게, 승인규칙의 효력은 의문의 대상일 수 없다. 승인규칙은 효력이 있는 규칙도 효력이 없는 규칙도 아니며, 단지 올바른 기준으로 인정되는 무엇이다.

하트에 따르면, 사람들이 유효한 일차적 규칙들을 준수하고 공직자들이 변경규칙과 재판규칙을 받아들이는 때에만 법체계가 존재할 수 있다. 하트의 『법의 개념』을 보자.

> 법체계가 존재한다는 주장은 (…) 일반 시민들이 규칙을 준수하고 있다는 사실과 법을 다루는 공직자들이 이차적 규칙을 공권력의 행사에 대한 공동의 비판 기준으로 삼고 있다는 사실을 이중적으로 전제한다.[25]

사회의 일반인들은 일차적 규칙이나 승인규칙을 받아들일 필요가 없다. 그러나 **공직자들**은 '내적 관점'에서 일차적 규칙과 승인규칙을 받아들여야 한다. 이는 무엇을 의미하는가? 하트의 대답은 다음과 같다.

> 일정한 행동 양식에 대해 비판하고 반성하는 태도가 공동의 기준으로 존재해야 한다. 그리고 이러한 태도는 규칙의 위반에 대하여 (자기비판을 포함한) 비판을 가하고 규칙의 준수를 요구하는 가운데, 그리고 그러한 비판이나 요구가 정당화된다는 점을 인정하는 가운데 드러나야 한다. 나아가 이 모든 것의 특성은 '무엇을 할 의무가 있다(ought)', '무엇을 반드시 해야만 한다(must)', '무엇을 하는 것이 마땅하다(should)', '무엇이 옳다(right)', '무엇이 옳지 않다(wrong)'와 같은 규범적 용어들로 표현되어야 한다.[26]

그러므로 이러한 규칙의 '내적' 차원은 사회적 규칙과 한낱 집단의 관행에 불과한 것들을 구분하는 기준이 된다. 하트에 따르면, 공직자들은 이차적 규칙들을 인정하면 되는 것이지, 이차적 규칙에 동의할 필요는 없다. 악법으로 가득한 법체계에서 법관은 재판에 적용해야 할 규칙이 못마땅할 수는 있겠지만, 그러한 규칙을 인정함으로써 하트가 제시한 법체계가 존재하기 위한 조건들을 충족시키게 된다.

하트는, 사회 구성원들로부터 일반적인 지지를 받지 못하는 법체계는 도덕적 비판이나 정치적 반대에 직면할 수도 있다는 점을 인정한다. 하지만 하트에 따르면, 이러한 도덕적 잣대와 정치적 기준으로는 '법체계'라는 개념의 특성을 밝혀내지 못한다. 그러므로 어떤 법체계의 효력(validity)은 그 법체계의 실효성(efficacy)과는 별개의 것이다. 즉 아무도 따르지 않기 때문에 전혀 실효성이 없는 규칙도 (그것이 승인규칙으로부터 나온 것인 한) 효력을 가질 수 있다. 그러나 어떤 규칙이 효력을 갖기 위해서는, 그 규칙으로 구성되는 법체계 전체의 실효성이 전제되어야 한다.

한스 켈젠: 법은 규범이다

한스 켈젠(Hans Kelsen, 1881~1973)은, 그의 이론을 집대성

한 『순수법학The Pure Theory of Law』[27]에서 법에 대한 올바른 이해 방식을 섬세하고도 심오하게 제시했다. 켈젠에 따르면, 법은 '당위', 즉 **규범**으로 구성된 체계로 파악해야 한다. 켈젠은 이러한 규범에 의해 결정되는 법적 행위도 법의 일부를 이룬다는 점을 인정한다. 하지만 법의 본질적인 속성은 (계약이나 유언과 같은 법률행위와 법원의 재판을 포함하는) 규범에 기초한다. 가장 일반적인 규범조차도 인간의 행위를 기술한다.

18세기의 위대한 철학자 칸트(Immanuel Kant, 1724~1804)의 영향을 받은 켈젠은, 자연에 '존재'하지 않는 시간과 공간과 같은 일정한 형식적 범주를 적용해야만 객관적인 실재를 이해할 수 있다는 생각을 받아들인다. 즉 세계를 이해하기 위해서는 형식적 범주를 사용해야 한다는 것이다. 마찬가지로, '법'을 이해하기 위해서는 **근본규범**(basic norm)과 같은 형식적 범주가 필요하다. 근본규범은 (그 이름에서 알 수 있듯이) 모든 법체계의 토대에 자리잡고 있다(아래의 내용 참조). 켈젠에 따르면, 법이론은 물리학이나 화학에 못지않은 과학이다. 따라서 법에서 도덕, 심리학, 사회학, 정치 이론과 같은 불순물을 제거할 필요가 있다. 즉 켈젠은 실정법의 규범들, 즉 누군가 행위 X를 저지르면 공직자는 그 행위를 저지른 자에게 제재 Y를 부과해야 함을 선언하는 '당위'만을 법학의 대상으로 삼기 위해 윤리적 요소 일체를 법으로부터 없애버릴 것을 제안한다. 그러므로 켈젠은 '순수한(pure)' 법학을 통해 법의 도덕적·사회적·정치적 기능과 같이 객관적으로 확인할 수 없는 것들을 배제한다. 켈젠이 보기에, 법의 목적이란 하나밖에 없다. 그것은 폭력의 독점화(monopolization of force)이다.

켈젠에 따르면, 규범에는 있어야 하는 것이나 일어나야 하는 것, 특히 누군가가 특정한 방식으로 행동해야 하는 것이 포함된다. 그러므로 '문을 닫아야 한다'라는 진술도 규범이고, 빨간불이 들어온 신호등도 규범이다. 그러나 어떤 규범이 효력을 갖기 위해서는 또다른 규범으로부터 권한을 부여받아야 한다. 그리고 그 규범 역시 법체계 내에서 그보다 상위에 있는 규범으로부터 권한을 부여받아야 한다. 켈젠은 철저한 상대주의자였다. 그래서 '여기 아닌 다른 어딘가에(out there)' 가치가 실재한다는 생각을 거부했다. 켈젠이 보기에, 모든 규범은 문제되는 개인이나 집단에 따라 상대적이다.

사회의 질서는 어떤 행위가 합법인지 불법인지를 결정하는 규범들을 국가가 제정함으로써 촉진된다. 켈젠에 따르면, 이러한 규범들을 위반하면 제재가 부과된다. 그러므로 제재를 규정한다는 점에서 법규범은 여타의 규범들과 구분된다. 법체계의 토대에는 국가의 강제가 있으며, 규범의 배후에는 폭력의 위협이 도사리고 있다. 이렇게 보면 세금 징수원과 강도의 차이가 드러난다. 세금 징수원과 강도 모두 돈을 요구한다.

즉 두 사람 모두 우리에게 돈을 내야 **한**다고 요구한다. 두 사람 모두가 **주관적** 의지행위를 드러냈지만, 오로지 세금 징수원의 행위만이 **객관적으로** 유효하다. 왜 그런가? 켈젠에 따르면, 강도의 강제적 질서가 가지는 주관적 의미는 객관적 의미로 해석되지 않기 때문이다. 어째서 그런가? 강도의 강제적 질서를 따라야 한다는 근본규범을 상정할 수 없기 때문이다. 왜 그런가? 강도의 강제적 질서는 지속적인 실효성을 결여하고 있는데, 이러한 "지속적인 실효성이 없이는 근본규범을 상정할 수 없기"[28] 때문이다. 이를 통해 켈젠의 이론에서 효력(validity)과 실효성(effectiveness) 사이의 본질적인 관계가 드러난다(이와 관련한 내용은 뒤에서 다루기로 한다).

그러므로 켈젠이 생각하는 법체계란 상호 연관된 규범들의 연쇄로서 가장 일반적인 '당위'(예: 제재는 헌법에 합치되게 부과되어야 한다)로부터 가장 특수하거나 '구체적인' 당위(예: 찰스는 카밀라와 체결한 계약에 따라 카밀라의 잔디를 깎아야 한다)로 나아가는 모습을 보인다. 이러한 위계적 체계에서 각 규범의 효력은 또다른 상위의 규범으로부터 도출된다. 즉 모든 규범의 효력은 궁극적으로 근본규범에서 나오는 것이다.

이처럼 개별 규범의 효력이 더 높은 규범에 의존하고, 더 높은 규범은 다시 더욱더 상위에 놓인 규범에 의존하다보면, 결국에는 더이상 올라갈 수 없는 지점에 도달하게 된다. 이

것이 바로 **근본규범**이다. 한 국가의 헌법을 포함한 모든 규범은 이 근본규범에서 출발하여 '구체성'의 정도를 높여나간다. 근본규범의 효력은 (그 정의상) 다른 규범에 의존할 수 없으므로, 이를 미리 상정하지 않을 수 없다. 켈젠에 따르면, 이러한 가정이 없이는 법질서를 이해한다는 것은 불가능하다. 근본규범은 존재하기는 하지만, '법률가의 의식(juristic consciousness)' 속에서만 존재할 뿐이다. 바로 이러한 가정을 통해 법학자나 법관, 변호사는 법체계를 이해할 수 있게 된다. 그러나 이러한 가정은 자의적으로 수립되는 것이 아니라, 전체 법질서가 "대체로(by and large)"〔사람들의 실제 행동이 법질서에 부합한다는 사실을 뜻하는—옮긴이〕 실효성을 가지는지 여부와 관련된다. 즉 전체 법질서의 효력은 실효성에 의존한다. 달리 말해, 근본규범의 효력은 또다른 규범이나 법의 지배에 의존하는 것이 아니라, 순수성(purity)이라는 목적을 위해 **가정된** 것일 따름이다. 그러므로 근본규범은 하나의 가정, 즉 완전히 형식적인 개념(a wholly formal construct)이다.

「헌법의 기능The Function of a Constitution」이라는 글에서 켈젠은, 아버지와 아들 사이에 오간 종교적 대화에 빗대어 근본규범의 성질을 설명한다. 아버지가 아들에게 학교에 가라고 지시한다. 이러한 개별적 규범에 대해 아들은 이렇게 묻는다. "제가 왜 학교에 가야 하죠?" 아들의 질문을 달리 표현하면 이렇다. "아버지께서 하신 의지행위의 주관적 의미가 객관적 의미이기도 한 이유는 무엇인지요? 왜 아버지께서 말씀하신 규범에 제가 구속되어야 하는지요? 아버지께서 말씀하신 규범이 효력을 가지는 근거는 무엇인지요?" 그러자 아버지는 이렇게 대답한다. "왜냐하면 하느님께서 자식은 부모에게 복종해야 함을 명하셨기 때문이란다. 달리 말하자면, 하느님께서 부모에게 자식에 대해 명령할 권한을 부여하셨기 때문이란다." 아버지의 대답에 아들은 이렇게 되묻는다. "왜 우리는 하느님의 명령에 복종해야 하나요?" 아들의 질문을 켈젠의 용어로 바꾸어 다시 쓰면 이렇다. "하느님께서 하신 의지행위의 주관적 의미가 객관적 의미이기도 한 이유, 즉 효력을 가지는 규범이 되는 이유는 무엇인가요? 즉 하느님께서 말씀하신 일반적 규범이 효력을 가지는 근거는 무엇인지요?"

아들의 물음에 대해서는 이렇게 답할 수밖에 없다. 즉 신을 믿는 자는, 자신이 신의 명령에 복종할 의무가 있다고 스스로 전제하기 마련이라고. 이는 종교적 도덕에 관한 규범의 효력을 뒷받침하기 위해 신을 믿는 자의 머릿속에 반드시 전제되어 있어야 하는, 규범의 효력에 관한 진술이다. 이는 종교적 도덕의 근본규범에 해당하고, 종교적 도덕과 관련된 모든 규범이 효력을 가지는 근거가 된다. 왜냐하면 '근본'규범이 효력을 가지는 근거에 대해서까지 계속해서 캐물을 수는 없기 때문이다. 이러한 진술은 (실재하는 의지행위를 통해 정립된 규범인) 실정규범은 아니지만, 신을 믿는 자들의 머릿속에 전제된 규범이다.

켈젠이 근본규범을 전제하는 까닭은 근본규범이 두 가지 주된 기능을 갖기 때문이다. 첫째, 근본규범을 통해 강도의 요구와 법의 요청을 구별할 수 있다. 즉 근본규범이 있어야 강제적 질서를 객관적으로 유효한 질서로 생각할 수 있다는 것이다. 둘째, 근본규범을 전제하면 법질서의 정합성(coherence)과 통일성(unity)을 설명할 수 있다. 즉 근본규범을 통해 모든 유효한 법규범들을 모순 없는 의미의 장으로 해석할 수 있게 되는 것이다.

켈젠은 『순수법학』에서 근본규범을 다음과 같이 설명한다.

> 강제행위는 역사상 최초의 헌법 및 그 헌법에 따라 제정된 규범들에 규정된 조건과 방식에 따라 실행되어야 한다. (요컨대, 누구나 헌법에 규정된 바에 따라 행위해야 한다.) [29]

근본규범은 순전히 형식적인 개념으로서 구체적인 내용을 전혀 담고 있지 않다. 켈젠에 의하면, 법규범은 인간의 행위라면 어떤 것이라도 그 규율 대상으로 삼을 수 있다. 따라서 실정 법질서의 효력은 그 질서에 속하는 규범들의 내용만을 문제삼아 부인할 수는 없다.

켈젠에 따르면, 전체 법질서가 실효성을 가져야만 해당 법질서 내의 모든 규범이 효력을 지닐 수 있기 때문에, 법질서가 존재한다는 사실만으로도 해당 법질서가 일반적으로 준수되고 있다는 점을 알 수 있다. 켈젠은 『순수법학』에서 이 점을 다음과 같이 단도직입적으로 언급한다. "대체로 실효적인 (즉 대다수가 준수하고 있는—옮긴이) 강제적 질서는 모두 객관적으로 효력이 있는 규범적 질서로 해석할 수 있다."[30] 그러나 이는 잘 납득이 가지 않는다. 사람들이 실제로 법을 지키는지 지키지 않는지를 어떻게 알 수 있다는 말인가? 법이 (켈젠의 표현처럼) "대체로" 실효성을 가지는지를 어떻게 확인할 수 있는가? 법질서가 실효성을 가지는지 여부는 경험의 문제, 즉 우리가 직접 관찰할 수 있는 것이라고 말하는 이들도 있을 것이다. 그러나 순수법학을 기치로 내세우는 켈젠은 그러한 '사회학적' 방법을 거부하지 않았던가.

또 켈젠은 법이 실효적일 수 있는 이유(예: 법의 합리성, 법의 선한 속성 등)에 관한 어떠한 고려도 거부한다. 법질서가 효력을 갖기 위해 그 법질서의 근본규범이 실효성을 가져야 한다는 말은, 근본규범이 대체로 준수되지 못하는 체계에는 법이 존재하지 않는다는 뜻이 된다. 이러한 현상은 혁명이 성공한 이후에 나타난다. 켈젠에 따르면, 기존의 근본규범이 더이상 존재하지 않고 혁명 정부가 제정한 새로운 법들이 실효성을 가진다면, 법률가들은 이제 새로운 근본규범을 상정할 수 있을 것이다. 왜냐하면 근본규범은 헌법이 아니라, 변화된 상황을 받아들여야 한다는 가정이기 때문이다.

이러한 연유로 켈젠의 순수법학이 (파키스탄, 우간다, 로디지아, 그레나다와 같이) 혁명이 일어난 여러 나라에서 인용되었던 것이다.

조셉 라즈: 법은 사회적 사실이다

옥스퍼드대학교가 배출한 법철학자 조셉 라즈(Joseph Raz, 1939~)의 저술은 몇 마디로 요약하기 쉽지 않다. 대표적인 '경성(hard)' 법실증주의자 또는 '배제적(exclusivist)' 법실증주의자인 라즈는 법체계가 독자적으로 존재한다는 사실은 세 가지 요소들, 즉 실효성(efficacy), 제도적 성격(institutional character), 원천(sources)을 통해 확인할 수 있다고 한다. 그러므로 도덕적 가치에 의해 법의 성격이 좌우되지 않는다는 생각을 바탕으로, 법에서 도덕적 내용을 들어낸다. 허버트 하트와 같은 '연성(soft)' 법실증주의자들은 이러한 생각에 반대하면서 도덕적 내용이나 가치가 법의 효력을 갖기 위한 조건에 포함되거나 편입될 수 있다는 점을 인정한다. 이러한 의미에서 연성 법실증주의자를 '포함적 법실증주의자 (incorporationist)'라고 부르기도 한다.

포함적 법실증주의자들과는 달리, 라즈는 법이 자율성을 가진다고 주장한다. 즉 법의 내용을 확인하는 데 도덕은 불필요하다는 것이다. 이에 반해 법적 **논증**에는 자율성이 없는데, 이는 법관의 논증이 가지는 불가피하면서도 바람직한 속성이라고 한다. 라즈에 따르면, 법이 존재하는지, 그리고 존재한다면 무슨 내용을 담고 있는지는 관습과 제도, 법체계에 참여하는 이들의 의도에 대한 **사실** 조사를 통해 확인할 수 있다고 한다. '법이란 무엇인가?'라는 질문에 대한 대답은 언제나 하나의 사실이지, 결코 도덕적 판단에 해당하지 않는다는 것이다. 그렇기 때문에 라즈는 '경성' 법실증주의자나 '배제적' 법실증주의자로 분류된다. '배제적'이라는 표현에서 알 수 있듯, 라즈는 법을 통해 (도덕으로는 할 수 없는 방식으로) 사람들의 행위를 이끌 수 있기 때문에, 법이 권위를 가진다고 볼 수 있다고 한다. 달리 말해, 법은 가장 중요한 행위 규범이며, 권위의 궁극적인 원천이다. 그러므로 법체계는 권위적 규칙의 전형에 해당한다. 법체계가 권위를 가진다는 점이야말로 법체계의 대표적 특징인 것이다.

라즈는, 법실증주의자들은 옹호하지만 자연법론자들은 비판하는 세 가지 주장들을 다음과 같이 추려냈다.[31]

'사회적 테제(social thesis)': 법은 도덕을 고려하지 않고도 사회적 사실을 통해 확인될 수 있다.

'도덕적 테제(moral thesis)': 법의 도덕적 가치는 확고부동하지도 필연적이지도 않으며, '법의 내용과 법이 적용되는 사회적 맥락'에 따라 달라진다.

'의미론적 테제(semantic thesis)': '권리'나 '의무'와 같은 규범적 용어들은 도덕적 맥락이나 법적 맥락에서 동일한 의미로 사용되지 않는다.

라즈는 저 세 가지 주장들 가운데 '사회적 테제'만을 받아들인다. 왜 그런가 하면 라즈가 보기에, 법체계는 세 가지 기준, 즉 법체계의 실효성, 법체계의 제도적 성격, 법체계의 원천을 통해 확인할 수 있기 때문이다. 이 세 가지 기준에서 도덕에 관한 물음은 배제된다. 따라서 법이 제도적 성격을 가진다는 것은, 법은 일정한 제도(예: 입법부)와의 관계를 통해 확인된다는 점만을 의미한다. (아무리 도덕적으로 수용 가능한 것일지라도) 그러한 제도를 통해 인정되지 않는 것은 법으로 볼 수 없으며, 그 역도 마찬가지이다.

라즈는 실제로 '사회적 테제'의 더 강력한 버전인 '원천 테제(sources thesis)'를 법실증주의의 핵심적 속성으로 전제한다. 원천 테제를 주장하는 라즈의 주된 논거는, 원천 테제를 통해 법의 일차적 기능을 설명할 수 있다는 것이다. 여기서 법의 일차적 기능이란, 규범을 준수해야 함에도 그 규범의 근거를 문제삼아 그 규범에 대한 위반을 정당화하지 못하도록 규범을 정립하는 것을 말한다.

라즈는 사회적 테제를 수용하면서도 도덕적 테제와 의미론적 테제는 거부함으로써 법을 준수해야 하는 도덕적 의무가 일반적으로 존재한다는 생각에 반기를 든다. 이러한 결론을 내리면서, 라즈는 법의 도덕적 권위에 관하여 흔히들 제기하는 세 가지 주장에 맞선다. 첫째, (법실증주의자들이 그러하듯) 법을 법과는 다른 형식의 사회적 통제와 구별하게 되면 법의 기능을 제대로 설명할 수 없고, 기능이란 가치중립적으로 설명할 수 없는 것이므로 법에 관한 기능적 설명은 틀림없이 도덕적 판단과 관련을 맺는다는 주장이다. 이러한 주장은 사회적 테제에 위배된다. 라즈는, 법은 실제로 일정한 기능들을 수행하지만, 이러한 기능들에 대한 자신의 분석은 가치중립적으로 이루어진다고 반박한다.

둘째, 라즈는 법의 내용을 사회적 사실들만으로는 확인할 수 없다는 주장을 받아들이지 않는다. 따라서 법관이 재판을 하면서 도덕을 명시적으로 고려할 수밖에 없기 때문에, 도덕적 고려는 법이 과연 무엇인지를 확인하는 데 영향을 미친다는 식의 주장에도 동의하지 않는다. 라즈는 재판을 할 때 도덕을 고려하게 된다는 점은 인정하지만, 이러한 점이 원천에 기반한 모든 체계에서 필연적으로 통용되지는 않는다고 한다. 라즈가 보기에, 재판을 하면서 도덕을 고려한다는 점으로는 원천 테제를 반박할 수 없는 것이다.

셋째, 법이 법의 지배라는 이상, 즉 누구도 법 위에 군림하지 못한다는 신념을 따른다는 점이 곧 법의 특성이라는 주장이 제기되기도 한다. 혹자는 이러한 특성을 통해 법이 실제로는 도덕과 관련을 맺는다는 점을 알 수 있다고 역설한다. 라즈는 이러한 생각을 거부하면서 다음과 같은 이유를 든다. 즉 법의 지배를 준수하면 집행권의 남용이 줄어드는 면은 있으나 그렇다고 해서 별도의 도덕적 가치가 법에 부여되는 것은 아니라는 것이다. 라즈에 의하면, 권력의 자의적인 행사라는 위험은 법 자체에서 나오는 것이기 때문에 법의 지배는 [이를 통제하기 위한―옮긴이] 소극적 가치(negative virtue)에 해당한다. 그러므로 라즈는 공평하고 정의로운 법체계에서도 법을 일단 따르고 보라는 식의 의무(prima facie duty)는 있을 수 없다고 한다.

최근에는 예일대학교 법학전문대학원 교수 스콧 샤피로 (Scott Shapiro, 1964~)가 법실증주의를 따르면서도 법의 본질에 관한 아주 색다르고 독창적인 이론을 제시했다. 바로 '법계획설(Planning Theory of Law)'이다. 샤피로는, 법적 활동이란 곧 사회적 계획 수립의 일환이라는 점을 밝히고자 한다. 즉 법적 규칙이란 근본적으로 공동체를 위한 '일반화된 계획(generalized plans)'이나 '계획과 유사한 규범(planlike norms)'이며, 이러한 계획을 세울 수 있는 권한을 부여받은 법적 제도들을 기반으로 공동체가 만들어진다는 것이다. 도덕을 고려하지 않은 채 계획을 수립하는 근본적인 목적은 사회적 삶을 따라다니는 도덕적 문제들을 제거하거나 해소하기 위함이라고 한다.

샤피로에 따르면, 우리네 삶 자체가 계획을 세우는 일이다. 저녁 식사를 준비하거나 미래를 위해 무언가를 마련하는일 모두 계획을 세우는 일에 해당한다. 법적 규칙을 정립하고 이를 견지하는 일 자체가 계획을 세우고 실행할 수 있는 개개인의 역량에 달려 있다. 이러한 계획이 꼭 '선한(good)' 계획일 필요는 없다. 설령 나쁜 계획을 세우더라도 법의 특징에 해당하는 위계(hierarchy), 권위(authority), 제도적 복잡성(institutional complexity)의 구조를 만들어낼 수 있기 때문이다. 하지만 이런 의문이 들 수도 있을 것이다. 정말로 모든 법이 계획과 유사한 규범인가? 사회를 조직하는 일이 집에서 저녁 식사를 준비하는 일과 별반 차이가 없다는 말인가?

오늘날 법실증주의자들은 자신의 이론을 더욱 세밀하고 정교하게 다듬는 일을 거듭해왔다. 이른바 경성 법실증주의와 연성 법실증주의의 차이가 도드라진 것이다. 경성 법실증주의자('배제적 법실증주의자')들에 따르면, 법은 '사회적 원천(social sources)'이 없으면 법으로서의 성격을 가질 수 없다. 즉 규범의 내용이나 실질적인 가치를 기준으로 삼아서는 무엇이 '법'인지를 가려낼 수 없다는 뜻이다. 다시 말해, 특정한 '법'이 존재한다는 사실은 그것이 '있어야 하는 법'에 해당하는지 여부로 확인할 수 없다는 것이다. 반면, 연성 법실증주의자('포함적 법실증주의자')들은 어떤 원리는 그 원리에 담긴 가치 덕분에 법적 구속력을 가질 수 있다고 한다. 다만 연성 법실증주의자들은 **승인규칙이 도덕을 법의 효력 조건으로 규정하는 경우**에 한하여 도덕을 법의 효력 조건으로 인정한다.

연성 법실증주의자들은 승인규칙에 도덕적 기준들이 포함될 수 있다는 점을 받아들인다(그런 연유로 '연성 법실증주의'를 '포함적 법실증주의'라고 부르기도 하는 것이다). 그러다보면 법이 무엇인지를 규명하기 위해 도덕을 고려하는 경우도 있을 것이다. 가령 (기본적 권리가 나열된) 헌법에 의하여 재판을 할 때 공정과 정의를 고려하여야 하는 법관은 이러한 도덕적 가치를 평가함으로써 결론을 내려야 할 것이다. 그렇다면 재판을 **법적** 규칙들의 적용으로만 국한할 일은 아니다. 경성 법실증

법과 가치

그 두려움이란 가치를 (…) 고려할 경우 법이론(…)의 학문성을 더는 주장할 수 없게 된다는 것이다. 이 생각이 옳다고 한다면, 법학 전문대학원이란 (사람들의 의심을 살 때가 있는 어느 직종에 관한 기술과 요령을 가르치는 직업학교가 아닌 다음에야) 이데올로기를 주입하는 곳이지, 지식과 학문을 전파하는 곳은 아닐 것이다. 이 생각이 옳다고 한다면, 법학이란 현재의 상태와 정부 형태를 정당화하는 일이 되거나, 내내 그런 일을 해왔던 것처럼 여겨질 것이다. 이 생각이 옳다고 한다면, 법학 교수란 그저 기존의 질서를 옹호하고 이를 가장 매력적인 방식으로 해석하는 사람에 지나지 않을 것이다. (…) 사람들이 지키면서 살아가려고 만든, 또는 타인들로 하여금 지키면서 살아가도록 만든 규칙을 비롯해 인간이 만든 물건이나 도구는 기능적 관점에서 이해해야 한다. 저 물건은 어디에 사용되는 것인가? 저 도구를 통해 궁극적으로 지향하는 목적은 무엇인가? (…) 관련된 가치를 똑바로 바라보고서 솔직하게 설명하지 못하고, 관련된 가치가 무엇인지에 대한 자신의 생각을 뒷받침하지 못하는 법률가의 작업은 솔직한 설명이 이루어진 경우에 비해 겉보기에 훨씬 객관적이라는 인정을 받을 수도 있을 것이다. 하지만 가치 지향을 솔직히 밝히지 않고 은폐하는 일이야말로 아주 나쁜 의미에서 이데올로기적이다. 해석의 전제가 되는 가치를 숨김없이 드러내며, 그러한 가치에 부합하는 체계의 성공만큼이나 그러한 가치에 부합하지 못하는 체계의 실패까지 의식할 수 있는 정직한 해석(honest interpretation)은 법학을 포함한 인문 과학에 적용할 수 있는 최고의 객관성에 해당한다. [32]

주의자들의 주장에 따르면, (법체계를 구성함으로써) 법적 규범이라고 불리는 것들의 효력 유무는 해당 규범의 도덕적 가치로 정해지지 않는다. 그러나 법이 무엇인지를 확인하기 위한 도덕적 기준이 법에 포함되는 경우도 있다는 점을 인정하게 된 이들도 있다. 예컨대 1961년 처음 출간된 『법의 개념』은 허버트 하트의 유고인 「후기postscript」를 덧붙여 1994년 다시 출간되었는데, 이 후기에서 하트는 승인규칙에 법적 효력의 기준으로서 도덕적 원리들에 부합하는 것이 포함될 수 있다는 점을 받아들임으로써 연성 법실증주의의 길로 접어든 것으로 보인다. 즉 '법'이 무엇인지를 확인하는 과정에서 도덕에 관한 문제를 시나브로 다루게 된다는 것이다.

이러한 점을 인정하게 되면, 경성 법실증주의자들의 비판을 받게 될 것은 불 보듯 뻔하다. 왜냐하면 경성 법실증주의들이 보기에, 재판을 할 때 도덕적 규범이 법으로서 적용될 수 있다고 한다면 법관에게 자신의 도덕적 가치평가에 따라 규범의 적용 여부를 결정할 권한을 부여하는 것과 다름없기 때문이다. 그러나 경성 법실증주의자이건 연성 법실증주의자이건 간에 로널드 드워킨이 제기하는 비판을 견뎌낼 수 있을까? 이어지는 3장에서는 법실증주의에 대한 가장 강력한 비판자인 드워킨의 법이론을 살펴보기로 한다.

제 3 장

로널드 드워킨: 법은 도덕과 하나로 통합되어 있다

　로널드 드워킨(Ronald Dworkin, 1931~2013)만큼이나 법실증주의를 집요하게 비판한 사람도 없다. 드워킨에 따르면, "법은 실제로 도덕과 하나로 통합되어 있다. 따라서 법률가와 법관이 하는 일은 민주 국가의 정치철학을 연구하는 일과 다름없다."[33] '가치의 통일성(the unity of value)'을 옹호하는 드워킨의 대장정은 법실증주의에 대해 포문을 여는 것으로 시작되었다. 특히나 드워킨은 스승인 허버트 하트의 이론을 서슴없이 비판했다. 그러나 드워킨의 이론은 법실증주의에 대한 비판에 머물지 않고 그보다 더 광범위한 주제를 아우른다. 즉 드워킨은 법과 법체계에 관한 흥미로운 이론을 정립하는 데 그치지 않고, 법에서의 도덕의 지위, 개인적 권리의 중요성, 사법 기능의 본질에 대한 연구를 이어나갔다. 나아가서 드워킨은 이 모든 요소를 법이란 '권리를 존중하기(taking rights seriously)' 위한 노력이라는 하나의 입장으로 정교하게 통합해낸다. 그러다보니 드워킨과의 사상적 대결을 원하는 학자들이 우후죽순으로 나타났고, 이러한 기세는 좀처럼 수그러들 기미를 보이지 않는다.

드워킨은 하트의 후임으로 옥스퍼드대학교에서 강의를 시작한 1970년대부터 법철학을 뿌리째 뒤흔들어놓았다. 특히 영국에서 대세를 점하던 법실증주의는 40년에 걸쳐 드워킨의 예리한 칼날에 난도질을 당했다. 그만큼 드워킨의 법철학은 강력하고도 논쟁적이다. 미국에서 도덕적 문제나 정치적 문제에 대한 의견이 분분할 때면 드워킨은 어김없이 호명된다. 이를테면 미국 연방대법원의 역할, 낙태에 대한 찬반 논쟁, 자유와 평등에 관한 일반적인 문제를 다루고자 하는 사람은 드워킨의 이론을 그냥 지나칠 수 없을 정도이다. 드워킨은 법에 대한 구성적 시각(constructive vision)을 정립함으로써 법의 개념을 심도 있게 분석함은 물론, 법이 더 많은 가치를 아우르는 개념이 되어야 한다는 점을 설득력 있게 웅변했다.

드워킨의 수준 높은 철학은 다양한 요소들로 구성되지만, 그 가운데에서도 먼저 '법에는 거의 모든 문제에 대한 해답이 들어 있다'라는 주장에 대해 살펴보자. 드워킨의 주장은 '적용

097

6. 드워킨에 따르면, 법이란 개인의 권리가 가장 중시되는 해석 과정이다. © UPPA 2006 TopFoto.co.uk

할 만한 법령도 선례도 없는 어려운 사건을 맡게 된 법관은 그 재량을 행사함으로써 자기가 정답이라고 생각하는 것을 토대로 판단을 내린다'라는 전통적인, 즉 법실증주의적인 이해와 배치된다. 드워킨은 법실증주의에 반기를 들면서, 어떻게 법관이 법을 만들어내지 않고 이미 법적 소재(legal materials)에 포함되어 있는 것을 해석하는지를 설명한다. 법관은 법적 소재를 해석함으로써 법체계를 통해 구현하고자 하는 가치들을 표명하게 된다는 것이다(그림 6 참조).

이처럼 법이 '흠결 없는(gapless)' 체계라는 주장은 드워킨의 핵심 주장에 해당하는데, 이를 이해하기 위해 아래의 두 가지 경우를 살펴보자.

사안 1. 할아버지의 유언에 따라 재산의 대부분을 상속받게 될 손자가 조바심이 난 나머지 할아버지를 살해하고 말았다. 이러한 경우에도 손자는 할아버지의 유산을 물려받을 수 있다고 보아야 하는가?

사안 2. 세계 최정상의 기량을 가진 체스 선수가 경기중에 상대 선수를 향해 계속 미소를 짓는 방식으로 상대 선수의 집중력을 흐트러뜨렸다. 상대 선수는 이의를 제기했다. 경기중에 미소를 짓는 행위는 체스 규칙에 위반되는 것인가?

판결하기 어려운 사안

위에서 언급한 사안들은 이를 해결할 수 있는 확인 가능한 규칙이 없기 때문에 '판결하기 어려운 사안(hard case)'에 해당한다. 법실증주의자들은 이러한 사안에 맞닥뜨리면 골머리를 앓게 된다. 왜냐하면 (2장에서 설명한 바와 같이) 법실증주의자들은 법은 사회적 사실을 통해 확인되는 규칙들로 구성된다고 생각하기 때문이다. 위에서 언급한 사안들과 같이 거기에 적용할 수 있는 규칙이 없는 경우, 법관이 판결을 내리기 위해서는 주관적(이므로 잠재적으로는 자의적)인 재량을 행사하는 수밖에 없다. 법률가의 악몽이 시작되는 것이다.

하지만, 드워킨의 주장과 같이, 법이 규칙만으로 이루어진 것이 아니라면, 정답은 어쩌면 이미 법 내부에 있을지도 모르고, 위에서 본 사안들은 법적 소재를 잘 따져봄으로써 해결될 수도 있을 것이다. 다시 말해, 판결하기 어려운 사안을 해결한답시고 법의 외부를 두리번거릴 필요도 없고 법관의 주관적 판단이 개입할 여지도 없다는 것이다.

사안 1의 출처는, 뉴욕주 최고법원(New York State Court of Appeals)이 1889년 릭스 대 팔머(Riggs v. Palmer) 사건에 대해 선고한 판결이다. 이 사건에서 할아버지의 유언은 유효하게 작성되었고, 그 내용은 자신의 손자가 재산의 대부분을 물려받게 되리라는 것이었다. 그러나 할아버지를 살해한 손자가 할아버지의 재산을 물려받을 수 있을지는 불확실했다. 유언에 의한 상속에 관한 규칙은 이 사건에 적용할 수 있는 예외를 두고 있지 않았다. 예외를 정하는 규칙이 없으니, 손자는 상속인으로서의 자격을 잃지 않을 것 같았다. 그러나 뉴욕주 최고법원은, 유언에 의한 상속에 관한 규칙은 '누구도 자신의 잘못으로 인해 이익을 얻을 수 없다'라는 원리에 부합하게 적용되어야 한다고 판결했다. 즉 유언자를 살해한 자는 유언에 의한 상속을 받을 자격이 없다는 것이다. 드워킨은, 이 판결을 통해 법에는 규칙(rule) 외에도 **원리**(principle)가 포함된다는 사실을 확인할 수 있다고 한다.

드워킨에 따르면, 사안 2의 심판은 경기중에 미소를 짓는 행위가 체스 규칙에 어긋나는 것인지를 확인해야 한다. 그러나 미소를 짓는 행위를 규율하는 규칙은 없다. 이 경우 심판은 체스의 본질이 지적 능력을 요하는 경기라는 점을 고려해야 한다. 혹시 미소를 짓는 행위가 심리적 위협에 해당하지는 않는가? 다시 말해, 심판은 체스를 두는 관행에 가장 '적합'하고 이를 잘 설명하는 답을 모색해야만 한다. 결국에 심판은 '미소를 짓는 행위가 심리적 위협에 해당하지는 않는가?'라는 질문에 대한 정답을 찾게 될 것이다. 그리고 이러한 논리는 판결하기 어려운 사안을 맡은 법관의 경우에도 마찬가지로 적용된다.

어느 나라의 법체계에서도 이처럼 논쟁적인 사안이나 판결하기 어려운 사안을 피할 수는 없다. 이러한 사안에 맞닥뜨린 법관은, 무엇이 법이어야 하는지를 확인하기 위해 무엇이 법인지를 명시하고 있는 문언의 한계를 벗어날 것인지 여부를 검토해야 할지도 모른다. 즉 법관은 해석 과정에 관여하게 됨으로써 도덕적 주장과 유사한 논증들로 가득한 세계에 진입한다. 바로 이러한 법의 해석적 차원(interpretive dimension)은 드워킨 법이론의 근간을 이룬다. 드워킨은 법과 도덕은 서로 분리될 수 없다고 주장하며, 양자의 분리를 주장하는 법실증주의자들을 비판한다.

따라서 드워킨이 보기에, 법을 구성하는 요소에는 (하트의 주장처럼) 오로지 규칙만 있는 것이 아니라 규칙이 아닌 기준도 포함된다. 판결하기 어려운 사안을 맡은 법관은 결정을 내리기 위해 이러한 (도덕적 또는 정치적) 기준들, 즉 원리(principle)와 정책(policy)을 논거로 삼게 될 것이다. 결국 드워킨의 법철학에는 법 원리와 도덕 원리를 구별 짓는 (2장에서 살펴본 바와 같은 하트의) 승인규칙이란 존재하지 않는다. 도덕과 정치를 고려하지 않고서는 법이 무엇인지를 결정할 수 없기 때문이다.

드워킨이 법적 논증을 이해하는 방식은 한 차례 변화를 겪는다. 1970년대의 드워킨은, 법실증주의자들이 법이 무엇인지를 확인하는 방식으로는 법에서 원리가 가지는 의의를 제대로 설명할 수 없다고 비판했다. 1980년대의 드워킨은 더욱 급진적인 주장을 제기한다. 즉 법은 본질적으로 해석적 현상(interpretive phenomenon)이라는 것이다. 이러한 생각은 두 가지를 전제한다. 첫번째 전제는, 구체적인 사안에서 법이 무엇을 규정하는지를 확인하려면 해석적 논증의 형식을 피할 수 없다는 점이다. 예컨대 '기레기'가 소문을 그러모아 쓴 기사에 의해 나의 사생활의 비밀과 자유가 침해되지 않도록 법의 보호를 받아야 한다는 주장은 특정한 해석을 통해 내린 결론이다. 두번째 전제는, 해석은 항상 가치평가를 수반한다는 점이다. 이러한 생각이 옳다면, 법과 도덕의 분리를 주장하는 법실증주의자들은 크나큰 실의에 빠지고 말 것이다.

드워킨에 따르면, 판결하기 어려운 사안을 맡은 법관은 원리를 기초로 판단한다. 이러한 원리에는 해당 공동체에 속한 정치적 제도와 결정의 체계에 관한 최선의 해석이 무엇인지를 법관이 나름대로 이해한 내용도 포함된다. 법관은 이렇게 물어야 한다. '나의 판결이 법체계와 정치체계 전체를 뒷받침하는 최선의 도덕 이론의 일부가 될 수 있을까?' 드워킨에 의하면, 모든 법적 문제에는 단 하나의 정답이 있다고 할 수 있다. 따라서 법관은 정답을 찾아낼 의무를 진다. 법관이 찾은 해답이 정답이라면, 그 해답이 법관이 속한 사회의 제도적 역사와 헌법적 역사에 가장 잘 부합하고 도덕으로 뒷받침된다는 점에서 그렇다. 법적 논증과 분석은 법 실무에 도덕적 의미를 최대한 부여하고자 하는 시도이기에 '해석적'인 것이다.

드워킨은, 법이 '권리를 존중'해야 한다는 점에 방점을 찍고, 이를 토대로 법실증주의를 논박한다. 권리는 공공복리를 비롯한 다른 고려 사항들보다 훨씬 중요하다. (하트의 주장과 같이) 판결하기 어려운 사안에 대한 결론이 법관의 개인적 소신, 직관, 폭넓은 재량 등에 의해 좌우된다면, 개인의 권리는 심각하게 위축되고 말 것이다. 이렇게 되면 한 개인의 권리는 공동체의 이익보다 후순위로 밀려날 수도 있다. 이와 달리, 드워킨은 개인의 권리를 **법의 일부**로 인정해야 한다고 역설한다. 결국 드워킨은 법실증주의자들보다 개인의 권리와 자유를 보호하는 데 더욱 적합한 이론을 구성해낸 것이다.

드워킨의 저술들 가운데 가장 널리 알려졌으며 가장 다양한 주제를 아우르는 책은 『법의 제국Law's Empire』이다. 이 책에서 드워킨은 '관행주의(conventionalism)'와 실용주의(pragmatism)를 싸잡아 비판한다. 관행주의자들은 법이 사회적 관행에 기초한다고 주장하며, 이러한 맥락에서 사회적 관행을 곧 법적 관행으로 본다. 다시 말해 관행주의자들이 보기에, 법이란 특정한 관행(예: 상급법원 재판에서의 판단은 해당 사건에 관하여 하급심을 기속한다는 관행)을 준수하는 것에 지나지 않는다. 또 관행주의자들은 법을 불완전한 것으로 이해한다. 즉 법에는 법관이 자기가 선호하는 가치들로 채워야 할 '흠결'이 존재하기 때문에, 법관에게는 '폭넓은 재량'이 인정된다고 한다.

드워킨의 비판에 따르면, 관행주의자들이 법을 이해하는 방식으로는 입법 과정을 설득력 있게 설명하지 못하며 개인의 권리를 충분히 보호하지도 못한다. (뒤에서 설명하겠지만) 드워킨은 법을 '통합성(integrity)'으로 이해하기 때문에, 법관의 일이란 자신의 도덕적 신념이나 정치적 신념, 혹은 입법자나 다수의 유권자가 동의할 것 같은 신념을 표명하는 것이 아니라, 법을 연재하는 작업으로 새겨야 한다. 『법의 제국』에서 관련 부분을 읽어보자.

> 법관은, 다른 법관들이 관련 문제가 다루어진 (자신이 맡은 사안과 완전히 동일하지는 않으나 유사한) 사안을 판결했다는 사실을 알고 있다. 법관은 자신과 다른 법관들이 내리는 판결을 하나의 기나긴 이야기의 일부로 여겨야 하며, 자신이 이 이야기를 해석을 통해 이어나가야 한다는 점을 받아들여야 한다. 이러한 연재 과정에서 법관은 법이라는 이야기를 더할 나위 없이 훌륭하게 전개시킬 방도를 스스로 결정하게 된다.[34]

또 드워킨에 따르면, 실용주의자들은 과거에 내린 정치적 결정이 국가의 강제력을 정당화한다는 생각에 회의적인 태도를 보인다. 실용주의자들은 사법부가 국가의 강제력을 행사할 수 있는 근거를 정의나 효율성과 같은 미덕에서 찾기 때문이다. 그러나 이렇게 되면 권리는 도구로 취급되기 때문에, 즉 권리가 독자적인 존재가 되지 못하고 삶을 더 낫게 만들어주는 수단에 불과한 것이 되기 때문에, 권리에 대한 존중은 수포로 돌아가고 말 것이다. 실용주의자들은, 법관은 자신이 보기에 공동체의 미래에 최선이 된다면 무슨 결정이라도 내리(는 것이 필요하)고, 공동체의 미래를 위한 것이라면 과거의 판단과 일관되지 않는 결정도 내릴 수 있다는 점을 논거로 삼는다.

그러나 (뒤에서 보듯이) 국가의 강제력 행사는 드워킨이 제시하는 '통합성으로서의 법(law as integrity)'을 통해 제대로 정당화될 수 있다. 드워킨에 따르면, 법의 제국(law's empire)이란 "영토, 권력, 절차 따위가 아닌 태도(attitude)로 정의된다."[35] 즉 법은 가장 넓은 의미의 정치에 대한 해석적 개념에 해당한다. 이처럼 법은 구성적 태도를 취하고 있으며, 이는 법의 목표가 우리의 삶과 우리가 속한 공동체의 개선에 있다는 점에서 알 수 있다.

원리와 정책

사법의 기능에 관한 드워킨의 설명에 의하면, 법관은 법을 마치 빈틈없는 그물(seamless web)처럼 다루어야 한다. 법 바깥에는 법이 없다는 말이다. 또 드워킨은 (법실증주의자들과는 반대로) 법에는 아무런 흠결도 없다고 한다. 법과 도덕은 떼려야 뗄 수 없게 뒤얽혀 있다. 이렇게 보면 (2장에서 설명한) 법을 확인하는 승인규칙은 존재할 수가 없다. 나아가서 드워킨이 보기에, 법을 일차적 규칙과 이차적 규칙의 결합으로 여기는 하트의 생각은, 원리(principle)와 정책(policy)에 대해 별다른 의미를 부여하지 않거나 적어도 무관심하기 때문에 법에 관한 정확한 설명을 제공할 수 없다.

드워킨에 따르면, 규칙은 "사안에 적용될 수 있거나 적용될 수 없는(applicable in an all-or-nothing fashion)" 것이지만, 원리와 정책은 "비중이나 중요성의 차원(the dimension of weight or importance)"을 가진다.[36] 즉 적용 가능한 규칙이 존재하고 이 규칙이 유효한 것이라면, 이 규칙이 정하는 바에 따라 사안을 해결해야 한다. 이와 달리, 원리는 해당 사안을 특정한 방식으로 해결해야 할 이유를 제공하기는 하지만, 그렇다고 해서 원리가 그 사안을 해결하는 결정적인 이유가 되지는 못한다. 왜냐하면 하나의 원리는 체계 내의 다른 원리들과 견주어 그 중요성을 확인할 필요가 있는 것이기 때문이다.

원리는 정책과는 다르다. 원리는 "바람직하다고 여겨지는 경제적·정치적·사회적 상황을 앞당기거나 지키려는 것이기 때문이 아니라, 정의나 공정을 위시한 도덕적 차원의 요청이기 때문에 지켜야 할 기준"이다. 반면, 정책이란 "달성해야 할 목표, 즉 일반적으로 공동체의 경제적·정치적·사회적 특성을 개선하고자 하는 목표를 제시하는 기준"이다.[37]

즉 원리는 권리에 관한 것이지만, 정책은 목표에 관한 것이다. 그러나 권리보다 중요한 것은 없다. 개인의 권리는 공동체의 목표보다 '훨씬 중요한 것(threshold weight)'이다. 따라서 권리가 공동체의 목표와 상충되어 짓밟히는 일이 있어서는 안 된다. 드워킨에 따르면, 민사소송에서는 항상 다음과 같은 질문이 제기된다. '원고에게 승소할 수 있는 권리가 있는가?' 공동체의 이해관계는 여기에 개입해서는 안 된다. 그러므로 민사소송의 결과는 원리를 통해 결정되고, 또 그래야 한다. 드워킨에 의하면, 법관이란 공동체를 구성하는 개인의 권리에 관한 결정을 내리는 사람이기 때문에, 법관이 정책에 관한 논거를 제시하는 것처럼 보일 때에도 원리를 언급하고 있다고 해석해야 마땅하다. 따라서 법관이 어떤 추상적인 권리의 존재를 논증하기 위해 '공공의 안전'을 제시하는 경우에도, 그 추상적인 권리가 구체적으로 행사되는 경우 이로 인해 안전을 위협받게 되는 사람들의 권리를 언급하는 것으로 이해해야 한다는 것이다.

가령 (이 장의 앞에서 다룬 바 있는) 상속을 받으려고 할아버지를 살해한 손자가 피고인 **릭스 대 팔머** 사건과 같이 '판결하기 어려운 사건'에서는 거기에 딱 들어맞는 규칙을 발견할 수 없다. 이러한 경우에 (드워킨이 '헤라클레스'라 부르는) 이상적인 법관이라면 틀림없이 "추상적인 원리들과 구체적인 원리들로 이루어진 체계를 구성함으로써 법원의 모든 선례를 정합적으로 정당화하고 (원리를 통해 정당화할 수 있는 한) 헌법과 법령의 조항 역시 정합적으로 정당화"[38]할 것이다. 법적 소재들을 검토한 결과 일관된 해석이 두 가지 이상 가능할 경우, 헤라클레스 법관은 자신이 속한 공동체의 '제도적 역사(institutional history)'에 가장 부합하는, 법과 정의에 관한 이론을 근거로 판결을 내릴 것이다.

그렇다면 만일 헤라클레스 법관이 자신의 법 해석에 '부합' 하지 않는 선례를 발견한 경우에는 어떠한가? 그리고 해당 선례가 상급 법원에서 내린 판결로서 헤라클레스 법관이 이를 변경할 권한이 없는 경우에는 어떠한가? 드워킨에 따르면, 이런 경우 헤라클레스 법관은 해당 선례를 '변경 불가능한 오류(embedded mistake)'로 취급하면서 그 효력을 '법규적 효력(enactment force)'만으로 제한시킬 수 있다. 즉 해당 선례는 마치 법률의 규정이 적용될 때와 같이 그 문언에 딱 들어맞는 사안에만 적용된다는 것이다. 반면, 실제로 변경되지도 않고 변경 불가능한 오류에 해당하지도 않는 선례는 '중력적 효력 (gravitational force)'까지 가진다고 한다. 즉 이러한 선례는 마치 중력을 가진 것처럼 유사한 사안들까지 끌어당겨서, 즉 그 실제 문언을 넘어서 적용된다는 것이다. 드워킨은, 이처럼 선례가 중력적 효력을 가지는 이유를 '같은 사건은 같게 다루어야 한다'라는 공정(fairness)에서 찾는다.

드워킨이 보기에, 관행주의(나 법실증주의)는 법의 효력 기준을 둘러싼 논쟁들로 말미암아 많이 망가지고 말았다. 2장에서 살펴보았듯이, 법실증주의자들은 승인규칙을 통해 X가 법이라고 확인되면 그 사실에 토를 달지 않는 것이 보통이다. 즉 규칙의 기원(pedigree)이 규칙의 효력(validity)을 결정짓는다는 것이다. 그러나 드워킨의 생각은 다르다. 승인규칙에 포함된 기준들만으로는 법의 효력 기초를 확인할 수 없다는 것이다. 이 점을 두고 드워킨은 법실증주의자들이 '의미론적 독침 (semantic sting)'에 찔려 있다고 비판한다. 즉 법실증주의자들이 법에 관해 벌이는 논쟁은, 알고 보면 '법'이라는 단어의 의미를 둘러싼 의미론적 논쟁이라는 것이다.

드워킨은 승인규칙에 부합한다고 선언하는 것만으로는 법의 효력이라는 개념을 제대로 설명할 수 없다고 한다. 그런데도 의미론적 독침에 찔린 법실증주의자들은 어떤 보편적인

드워킨의 적수는 없는가?

드워킨은 50년에 걸쳐 가치에 관한 문제에 정답이 있다는 점을 거듭 주장해왔고, 이러한 사실이 사회에서 법을 운용하는 데 미치는 영향을 예컨대 『법과 권리Taking Rights Seriously』에서 상세히 설명했다. 이러한 이론이 유발하는 (불쾌함까지는 아니더라도) 당혹감 때문인지, 드워킨은 여태 제대로 된 비판을 받은 적이 없는 것 같다. 이제껏 아무도 드워킨의 법철학과 정치철학을 하트가 벤담을 비판한 수준이나 드워킨이 하트를 비판한 수준에 이를 만큼 비판하는 데 성공하지 못했다. 드워킨은 (과학에서의 가치에 관한 논쟁과 비교하면) 법철학에서의 가치에 관한 논쟁은 제대로 이루어지지 못한 채 오해받고 있다는 점을 (2011년에 출간한 역작에서—옮긴이) 탁월하게 논증한 바 있다. [39]

기준이 존재하고, 이러한 기준을 통해 법이라는 개념을 제대로 적용하기 위한 조건들을 속속들이 확인할 수 있다고 주장한다는 것이다. 드워킨은 이러한 법실증주의자들의 주장은 잘못된 가정에서 비롯된 것이라고 비판한다. 즉 어떤 주장이 타당한 경우를 확인하기 위한 기준들이 무엇인지를 정확히 규정할 수 없음에도 어쨌든 이러한 기준들이 존재해야만 유의미한 논쟁이 가능하다는 가정은 틀렸다는 것이다.

자유주의

드워킨의 권리 테제(rights thesis)는 '정부는 국민을 평등한 존재로 대우해야 한다'라는 관점에서 나온 일종의 자유주의를 바탕에 둔다. 즉 정부는 '모든 국민은 평등하다'라는 생각을 버릴 때에나 인정할 수 있는 희생이나 제한을 국민에게 강요해서는 안 된다. 드워킨의 분석에 따르면, 정치적 도덕 (political morality)은 세 가지 요소, 즉 '정의', '공정', '절차적 적법절차'로 구성된다. 여기서 '정의(justice)'란 개인의 권리와 집단의 목표를 모두 아우르는 것이며, 이러한 권리와 목표는 모든 국민을 평등하게 대하고자 헌신하는 이상적인 입법자에 의해 인정되는 것이다. '공정(fairness)'이란 국민에게 영향을 주는 결정을 내리는 경우 그러한 영향이 모든 국민에게 대체로 고르게 미치도록 하는 입법 절차를 의미한다. '절차적 적법절차(procedural due process)'는 국민이 법을 위반했는지 여부를 확인하기 위한 올바른 절차와 관련된다.

드워킨의 정치적 자유주의는 이러한 정치적 도덕을 기초로 성립하는데, 드워킨은 사적 도덕을 형법으로 강제하는 문제, 부를 가치의 일종으로 여기는 생각, 적극적 평등실현조치가 정의에 반한다는 주장 등에 대하여 다양한 비판을 제기했다.

드워킨의 목적은 "법에 관한 자유주의적 이론이 무엇인지 규명하고 이를 옹호하는 것"[40]이다. 드워킨은 이러한 목적을 실현하고자 법실증주의, 관행주의, 실용주의를 비판해왔다. 그러한 이론들로는 개인의 권리를 충분히 보장할 수 없다고 판단하기 때문이다. 드워킨에 따르면, (뒤에서 자세히 다룰) '통합성으로서의 법'만이 개인의 권리와 일반적 자유를 도구주의적으로 파악하는 풍조에 제대로 맞설 수 있는 이론이다.

문학으로서의 법

드워킨은 자신의 법이론의 핵심 요소로 문학적 해석과의 유사성을 든다. 드워킨에 따르면, 예술 작품을 해석하려고 할 때 우리는 그것을 특정한 방식으로 이해하고자 한다. 즉 우리는 책, 영화, 시, 그림을 정확하게 표현하고자 하며, **구성적** 방식을 통해 작가의 의도를 할 수 있는 한 밝혀내고 싶어한다는 것이다. 헨리 제임스(Henry James, 1843~1916)가 자신의 소설에 이러한 성격의 인물을 등장시킨 까닭은 무엇일까? 제임스가 그렇게 한 목적은 무엇이었을까? 이러한 종류의 질문을 던지고 그 해답을 찾는 일은 곧 제임스의 소설을 가장 잘 설명하기 위한 노력에 해당한다.

드워킨에 따르면, (소설이나 희곡을 감상할 때와 마찬가지로) 법을 다룰 때에도 해석이 필요하다. 법관은 계속 이어지는 이야기를 해석하는 사람과 같다. 법관은 사법의 전통을 부정하

기보다는 계승하는 것이 자신의 의무임을 받아들인다. 따라
서 법관은 자신의 소신과 직관에 따라 사법의 전통에서 벗어
나지 않은 채 자신의 의무에 해당하는 가장 구성적인 해석론
을 전개해나간다. 그렇기 때문에 법관을 작품을 연재하는 소
설가로 여길 필요가 있다. 소설가는 연작 소설의 새로운 부
분을 써나가야 하고, 다른 동료 소설가가 그다음 부분을 이
어 써나가게 된다. 소설가들은 저마다 자기가 맡은 부분을 작
성하려고 애쓰면서도 이미 작성된 부분을 토대로 소설을 이
어가고자 노력하기 때문에, 그 결론은 궁극적으로 정합성
(coherence)을 띠게 되는 것이다. 이를 위해 소설가는 작품을
집필하면서 인물, 줄거리, 주제, 장르, 개략적인 목적 등을 이
해할 필요가 있다. 소설가는 작품을 이어 쓰는 과정에서 그 의
미를 발견하려고 애쓰고, 또 이를 가장 잘 뒷받침하는 해석을
찾고자 힘쓸 것이다.

　드워킨에 따르면, 법이란 (문학과 마찬가지로) '해석적 개념
(interpretive concept)'에 해당한다. 법관들은 "일반적으로 사법
적 관행을 폐기하기보다 지속해야 할 의무를 인정한다. 따라
서 법관들은 자신의 소신과 식관에 따라 **사법적 관행에서 벗어
나지 않은 채 자신의 의무에 해당하는 최선의 해석론을 발전시켜
나가는 것이다.**"[41] 이렇게 보면, 어떤 작품을 쓴 소설가가 의도
한 **실제** 의미가 무엇인지를 두고 나와 당신의 의견이 서로 다

를 수 있는 것과 마찬가지로, 법관들도 사법적 관행의 측면에서 가장 타당한 해석이 무엇인지에 대한 견해가 저마다 다를 수 있을 것이다. 그러나 주목할 점은, 작가의 의도는 작품에 가장 구성적인 해석을 부여하기 위해 생각해볼 수 있는 수단들 가운데 하나에 불과하다는 점을 드워킨이 인정하고 있다는 것이다. 또 구성적인 해석이 항상 또는 본질적으로 (작품에 대한 해석이라기보다) 작가의 의도에 대한 해석에 해당한다는 주장 역시 드워킨의 생각과는 거리가 멀다.

드워킨은 이러한 형태의 해석을 **사회적** 관행에 적용하고자 한다. 드워킨은 구성원들이 '예의범절(rules of courtesy)'이라고 불리는 일련의 규칙을 따르는 어느 공동체를 상상해볼 것을 주문한다. 거기에도 다양한 예의범절이 존재할 터인데, 그중에는 소작농은 귀족을 만나면 모자를 벗고 인사를 해야 한다는 규칙도 있을 것이다. 마침내 이 공동체의 구성원들은 예의범절에 대한 이해 방식을 두 가지 마련하게 된다. 하나는, 예의범절이 존재한다는 단순한 사실과는 별개로 이러한 예의범절에 특정한 **가치**가 존재한다는 생각이다. 즉 예의범절이 어떠한 목적을 위해 존재한다는 것이다. 다른 하나는, 예의범절을 유연한 규칙으로 여기는 생각이다. 즉 엄격한 예의범절도 필요에 따라 다듬고 수정할 필요가 있다는 것이다. 이러한 두 가지 생각을 하게 된 사람들은 예의에 관한 '해석적' 관점을 갖게 되었다. 즉 더이상 예의라는 제도가 그저 기계적으로 따라야 할 대상이 아니게 된 것이다. 이 공동체의 구성원들은 이제 예의에 대해 일정한 **의미**를 부여하고자 한다. 다시 말해, 예의를 최선의 관점에 비추어 이해하고자 하고, 그러한 의미로 예의를 재해석하고자 한다. 이때 '토머스'라고 하는 철학자가 이러한 구체적인 사회적 관행을 설명하려고 한다고 해보자. 토머스는 '예의'라는 단어의 적절한 용법을 규정하는 의미론적 규칙들에 국한된 이론을 가지고 이를 설명하려 들지는 않을 것이다. 왜냐하면 그렇게 하게 되면 토머스는 드워킨이 말하는 '의미론적 독침'에 찔리게 될 것이기 때문이다. 토머스가 이러한 사회적 관행을 설명할 수 있는 유일한 방법은 일정한 구조를 공동체의 관행에 부여하는 것이다. 이를 통해 구체적인 이론들이 그보다 추상적인 이론의 하위-해석들로 확인되고 이해될 수 있게 되는 것이다. 달리 말해, 토머스는 의미론적 주장을 하는 것이 아니라 '해석적' 주장을 하는 것이다. 즉 해석적 주장은 모든 사람이 서로를 이해하기 위해 반드시 따라야 하는 **언어적** 기본 규칙들에 관한 주장과는 다르다.

　드워킨에 따르면, 위와 같은 내용은 법에도 들어맞는다. (법실증주의자들이 제시하는) 의미론적 이론을 가지고는 법의 핵심을 설명하지 못한다는 것이다. 즉 악'법'도 과연 '법'인지 여부에 대한 논쟁이 **의미론적** 수준에서 진행된다면 별다른 성과가 없는 논쟁에 그치고 만다는 것이다. 이러한 논쟁은 '법'의 의미와 관련될 뿐이기 때문이다. 드워킨이 보기에, 의미론적 수준에서 벌어지는 논쟁은 '해석 이전의(preinterpretive)' 단계에 속한다. 이에 반해 **해석적 수준**에서 벌어지는 논쟁은 더욱 활기차고 유의미한 것이 된다. 왜냐하면 해석적 수준에서는 (단순히 법의 의미를 묻는 것이 아니라) 법의 **실질**(substance)에 관한 물음이 제기되기 때문이다. 누군가가 나치의 법은 '법'이 아니라고 주장한다면, 이 사람은 나치의 법에는 규칙과 절차를 강제의 근거로 삼는 법체계가 성공적으로 자리잡기 위해 필요한 특성들이 결여되어 있었다는, 의심으로 가득찬 해석적 판단을 내린 셈이다. 이러한 판단은 사실상 정치적 판단에 해당한다.

통합성으로서의 법

헤라클라스 법관은 초인적인 능력을 발휘하여 이전에 작성된 법을 구성적으로 해석해냄으로써 법의 개념에 대한 최선의 설명을 제시할 것이다. 드워킨에 따르면, 그러한 설명은 '통합성으로서의 법(law as integrity)'을 토대로 삼는다. 통합성으로서의 법을 전제하기 때문에, 헤라클레스 법관은 자신의 법해석이 전체 법체계를 뒷받침하는 정합적 이론의 일부가 될 수 있는지를 살펴야 한다. 그런데 '통합성'이란 무엇인가? 『법의 제국』에서 통합성을 구성하는 핵심 요소들을 살펴보자.

통합성으로서의 법은 법과 법적 권리를 전적으로 수용하는 이념이다. (…) 이러한 이론의 전제는, 법적 제약들이 단순히 예측 가능성이나 절차적 공정을 제공함으로써 혹은 여타의 도구적 방식을 통해 사회에 기여하는 것이 아니라, **공동체를 더욱 진정한 공동체로 발전시키고 공동체에서의 정치적 권력 행사의 도덕적 정당성을 제고하는 일종의 평등을 구성원들 간에 보장함으로써** 사회에 기여한다는 점이다. (…) 통합성으로서의 법을 전제하면, 권리와 의무는 사법부가 과거에 내린 결정을 통해 확인되는 것이고, 그렇기 때문에 법적 권리와 법적 의무로 인정되는 것이다. 이러한 점은 종전의 재판에서 그러한 권리와 의무가 명시적으로 인정된 경우뿐만 아니라, 재판에서의 논증의 전제가 되는 개인적 도덕과 정치적 도덕에 관한 원리들로부터 그러한 권리와 의무가 필연적으로 도출되는 경우에도 마찬가지이다.[42]

드워킨에 따르면, 통합성을 정치적 가치로 인정하지 않는 사회에서는 그 사회의 강제력 행사를 정당화할 수 없다. 정치적 가치로서의 통합성을 통해 폭력을 독점적으로 행사할 수 있는 도덕적 권한이 정당화될 수 있다는 것이다. 통합성을 통해 편파, 사기, 부패를 막을 수도 있다. 통합성을 전제해야 법을 원리의 문제로 이해할 수 있고, 공동체의 모든 구성원을 평등한 존재로 대우할 수 있다. 요컨대, 통합성이란 자유주의에 기초한 사회와 (드워킨이 '합법성legality'이라고 불러온) 법의 지배의 핵심을 이루는 가치들의 결합이다.

사람들은 왜 법이 중요하다고 여기는가? 우리가 법을 준수하는 사회를 존중하는 까닭은 무엇인가? 특히 '법치' 국가들에서 특징적으로 나타나는 정치적 가치들을 준수하는 사회를 우러러보는 이유는 무엇인가? 드워킨은 2004년에 펴낸 논문 「하트의 후기와 정치철학의 성격Hart's Postscript and the Character of Political Philosophy」[43]에서 그 이유를 다음과 같이 설명한다. 즉 정부의 효율성도 칭송받을 가치에 해당하지만, 합법성을 통해 구현하고자 하는 가치가 훨씬 더 중요하기 때문이라는 것이다. 법의 도덕적 정당성에 대한 관심은 드워킨의 법철학을 구성하는 가장 중요한 요소이다. 이러한 법의 도덕적 정당성은 대체로 '공동체(community)'나 '유대감(fraternity)'이라는 다소 불명확한 개념에 의존한다.

어느 정치 사회가 통합성을 받아들이게 되면, 이 사회는 특수한 형태의 공동체가 된다. 왜냐하면 이러한 정치 사회는 강제력을 행사할 수 있는 도덕적 권위를 갖기 때문이다. 통합성을 통해 국민들은 서로 돕고 의지하게 되며, '연대적 의무

(associative obligation)'의 중요성을 인정하게 된다. 어떤 공동체가 그저 단순한(bare) 공동체에 머물지 않고 참된 공동체가 된다면, 그러한 공동체의 사회적 관행은 진정한 의무를 산출한다. 그러기 위해서는 공동체의 구성원들이 자신의 의무를 (다른 집단이 아니라 바로 그 집단에서 통용된다는 의미에서) 특별한 의무이고, (집단이 아니라 집단을 구성하는 개인에 대해 직접 부담한다는 의미에서) 개인적 의무이며, 모든 구성원의 복리를 위한 동등한 배려에 기초한 의무라고 여겨야 한다. 이러한 조건이 갖추어지면 단순한 공동체의 구성원들은 참된 공동체의 의무를 획득하게 된다.

드워킨은 참된 공동체(true community)라는 개념을 토대로 정치적 정당성(political legitimacy)에 관한 이론을 정립한다. 드워킨에 따르면, 〔공동체의 법을 지켜야 하는 도덕적 의무인―옮긴이〕 정치적 의무는 연대감에 따른 의무의 구체적인 형태에 해당한다. 참된 공동체가 아니면 정치적 의무를 산출할 수 없다. 통합성이라는 이상을 지향하는 공동체야말로 진정한 공동체이고, 도덕적으로 정당한 공동체이며, 연대감으로 가득한 공동체인 것이다. 왜냐하면 이러한 공동체는 노골적인 폭력이 아니라 의무와 관련된 것을 선택하기 때문이다.

드워킨의 이론에 따라 사법의 기능을 문학 비평의 과정에 견주어보면, 법의 긍정적인 측면과 법관의 근본적 소임이 여실히 드러난다. 그리고 정치적 공동체를 원리와 결부 짓는 드워킨의 발상은 더없이 매력적이다. 비록 이를 구현할 수 있는 사회는 드물겠지만, 대다수의 사회에서 간절히 원하는 조건이었으면 한다.

법과 가치

영국의 철학자 이사야 벌린(Isaiah Berlin, 1909~97)이 고대 그리스의 시인 아르킬로코스의 경구인 '여우는 많은 것을 알지만, 고슴도치는 큰 것 하나를 안다'를 인용한 사실은 잘 알려져 있다.[44] 드워킨은 이 경구를 빌려와 2011년에 출간한 책에 "고슴도치를 위한 정의(Justice for Hedgehogs)"라는 제목을 붙였다〔2015년 출간된 한국어판의 제목은 『정의론』이다 ― 옮긴이〕. 드워킨이 보기에, 저 경구에 나오는 '큰 것(big thing)'이란 다름 아닌 '가치의 통일성'이다. 드워킨은 (세계나 인간 본성에 관한 사실을 가지고 곧바로 무엇을 해야 한다는 결론에 이를 수 없다는) '흄의 원리'에 동의하면서도, 사실과 가치를 구별하는 흄(David Hume, 1711~76)의 입장이 철학적 회의주의와는 별다른 관련성이 없으며 오히려 철학적 회의주의를 붕괴시킨다는 주장을 펼친다. 왜냐하면 "제노사이드(genocide)가 도덕적으로 잘못이라는 것이 참이 아니라는 명제는 **그 자체로 도덕적 명**

제이며, 만일 흄의 원리가 타당하다면 이 명제는 세계의 기본 구조에 관한 논리나 사실을 아무리 발견한다고 한들 입증할 수 없기 때문이다. 제대로 된 이해에 따르면, 흄의 원리는 도덕적 진리에 대한 회의주의를 뒷받침하는 것이 아니라, 오히려 고유한 탐구 기준과 정당화 기준을 갖춘 지식 분과로서의 도덕의 독자성을 뒷받침하는 것이다."[45]

이는 도덕적 가치가 독립적이면서도 객관적이라는 드워킨의 이론에서 빼놓을 수 없는 주장이다. 드워킨은 가치에 대한 주장이 자율성을 가진다는 점을 중시하기 때문에, 외부적 힘에 의해 가치들 간의 충돌이 일어날 수 있다는 생각에는 반대한다. 그 대신 우리는 가치 판단을 고수해야 하며, 그러한 가치 판단을 더욱 추상적인 가치들을 근거로 정당화해야 한다고 한다. 드워킨에 따르면, 우리는 우리가 가진 도덕적 견해를 가능한 한 명확하고 정합적으로 다듬어야 한다. 그리고 우리의 삶을 가급적 좋은 삶으로 가꾸어야 한다.

좋은 삶이 무엇인지 알고, 자신의 삶과 윤리적 책임을 중시함은 물론 타인의 삶과 윤리적 책임을 존중하면서 좋은 삶을 살고자 하는 사람은 잘 사는 사람이다. 두 가지 윤리적 이상, 즉 잘 살기(living well)와 좋은 삶을 살기(having a good life)는 서로 다르다. 따라서 불운이나 극심한 가난, 심각한 불의, 끔찍한 질병, 때 이른 죽음을 맞이하는 바람에 좋은 삶을 살지 못하는 사람들이 있을 것이나, 이들 역시 잘 살 수 있다. 우리가 기울인 노력의 가치는 부사적(adverbial)이다. 이러한 가치는 삶의 좋음이나 삶의 효과가 실현되는 곳에 있지 않기 때문이다. 그런 까닭에 극도로 가난한 삶을 살다 죽는 사람도 잘 사는 사람이 될 수 있는 것이다. (…) 좋은 삶을 살기 위한 노력을 충분히 기울이지 않는 사람은 잘 사는 사람이 아니다. [46]

드워킨에 따르면, 우리는 '존중받을 만한' 삶을 살아야 한다. 즉 우리는 자신의 삶을 존중해야 할 뿐만 아니라 자신의 삶에 대한 책임도 져야 한다. 존중받을 만한 삶을 살게 되면 자존감도 충만해진다. 이것은 **윤리**의 문제이다. 여기에 더해 우리는 타인에 대한 **도덕적** 의무도 진다. 드워킨이 보기에, 도덕의 문제는 곧 윤리의 연장에 해당한다. 자신에 대한 존중이 중요하다는 점을 인정하는 사람은 (논리적 일관성을 유지할 수 있다면) 타인의 삶이 소중하다는 사실도 인정해야 마땅하기 때문이다.

드워킨의 법철학은 광범위한 문제를 다루고 있으며, 그 요소요소 대부분이 격렬한 논쟁의 불씨가 되었다. 심지어 서로 척질 정도로 격정적인 논쟁이 벌어지는 경우도 있었다. 드워킨의 법철학을 비판하는 사람들은 계속해서 늘어날 것이며,

이들은 드워킨이 세워놓은 거대한, 어떤 때는 움직이기도 하는 표적을 맞히기 위해 다양한 시각을 선보이고 있다. 그리고 이러한 견고틀기가 수그러들 기미는 전혀 보이지 않는다.

제 4 장

권리와 정의

권리와 정의에 관한 기본적 이해를 갖추지 못한 채 법철학을 한다고 할 수는 없다. (법적 권리이건 도덕적 권리이건 간에) 권리는 법과 법체계의 도처에 퍼져 있기에 법철학의 핵심 주제에 해당한다. 그리고 정의라는 이상은 법체계 내부에서도 손꼽히는 가치에 해당하지만, 정의의 보편성을 강조하다보면 법 자체를 초월하려는 열망이 일어나기도 한다.

오늘날 개인과 집단은 거의 모든 것들에 대한 권리를 주장하는 데 주저함이 없다. 이들은 자신의 권리가 침해되었다는 주장도 능숙하게 해낸다. 각국 정부나 국제기구들이 여성과 소수자를 비롯한 일반 국민의 권리를 보호하고 신장시켜야 하는 부담은 날로 늘어난다. 권리에 대한 선언들을 법률로 제정하는 국가가 늘어났고, 이에 따라 각국 법원은 법률에 의해 명시적으로 또는 묵시적으로 보호되는 권리를 인정해야 하는 의무를 새로이 부담하게 되었다.

권리란 무엇인가? '법률이 인정하는 나의 권리'와 '내가 보기에 나에게 주어져야 마땅한 권리' 사이에는 무슨 뚜렷한 차이가 있는가? 개인들이 저마다 요구하는 인권의 종류가 많이 늘어남에 따라 발생하는 문제들은 또 어떠한가? (근로권이나 교육권과 같이) 많은 공적 자금을 투입해야만 보장할 수 있는 권리를 고집하는 것은 적절한 일인가?

법철학자들은 이러한 질문에 대한 답을 찾고자 고심한다. 그러면서 이들은 주로 권리라는 개념의 정의, 권리의 본질을 증명하거나 설명하는 이론의 전개, 상충하는 권리들을 조화롭게 실현하는 방법 등에 관심을 기울인다.

'권리란 무엇인가'에 응답하는 이론은 두 가지로 대별된다. 첫번째 이론은 '의사설(will theory)'로 알려져 있다. 즉 내가 무엇을 할 권리를 가지고 있다는 것은, 내가 그것을 할지 말지를 선택할 가능성이 실제로 보장된다는 뜻이다. 의사설에서는 개인의 자유와 자기실현이 강조된다. 두번째 이론은 '이익설(interest theory)'로 불린다. 이에 따르면, 권리는 단순히 나의 선택 가능성을 보호하기 위해 존재하는 것이 아니라 나의 특정한 이익을 보호하기 위해 존재한다. 권리를 가진다는 것이 무엇을 의미하는지에 관해 이익설이 더 나은 설명을 제시한다고 생각하는 이들이 많다.

이익설을 지지하는 학자들은 주로 두 가지 논거를 들어 의사설을 반박한다. 첫째, 의사설에 따르면 나에게 어떤 권리가 있다고 하려면 그 권리에 상응하는 상대방의 의무를 면제할 수 있는 권능까지 있어야 하는데, 이익설을 지지하는 학자들은 이러한 생각에 반대한다. 즉 이들에 따르면, 법은 나의 실체적 권리를 박탈하지 않고서도 그 권리에 상응하는 상대방의 의무를 면제할 수 있는 권능을 제한할 때도 있다(예컨대, 자신에 대한 살인을 승낙할 수 있는 권능이나 특정한 권리를 포기할 수 있는 권능이 법에 의해 제한될 수 있다). 둘째, 이익설을 지지하는 학자들은, 권리에는 '실체적 권리(substantive right)'도 있지만 이와 구별되는 '실체적 권리를 실현하기 위한 권리'도 있다는 점을 지적한다. 즉 어린아이에게 그러한 권리를 포기할 것인지를 선택할 능력이 명백히 부족하다고 해서 어린아이에게 아무런 권리도 없다고 주장하는 것은 도저히 납득하기 어렵다고 한다.

웨슬리 호펠드

권리에 대한 연구의 선구자로는 미국의 법학자 웨슬리 호펠드(Wesley Newcomb Hohfeld, 1879~1918)가 잘 알려져 있으며, 권리를 연구할 때에는 호펠드의 분석에서 출발하는 것이 기본이다. 호펠드는 'X가 R를 할 수 있는 권리를 가진다'라는 명제의 의미가 무엇인지를 명확히 밝히고자 했다. 호펠드에 따르면, 이 명제의 의미는 네 가지 중에 하나다. 첫째, 'X가 R를 할 수 있는 권리를 가진다'라는 명제는 '(X가 아닌 다른 누군가인) Y는 X가 R를 할 수 있도록 허용할 의무가 있다'라는 뜻일 수 있다. 즉 실제로 X는 Y에 대해 **청구권**(claim)을 가지게 된다. 호펠드는 이러한 청구권이야말로 엄밀한 의미에서 '권리(right)'라고 생각한다. 둘째, 'X가 R를 할 수 있는 권리를 가진다'라는 명제는 'X는 무언가를 하거나 하지 않을 자유를 가진다'라는 뜻일 수도 있다. 첫번째 경우와는 달리, Y가 X에게 부담하는 **의무는 없다**. 호펠드는 이런 경우에 X는 '특권(privilege)', 혹은 '자유(liberty)'를 가진다고 한다. 셋째, 'X가 R를 할 수 있는 권리를 가진다'라는 명제는 'X가 R를 할 수 있는 권능을 가진다'라는 뜻일 수도 있다. 즉 법적 권리와 의무, 즉 법률관계를 변동시키는 행위(예: 내가 소유하는 물건을 남에게 처분함으로써 소유권을 이전시키는 행위)를 할 수 있는 자유가 X에게 실제로 주어져 있다는 것이다. 이러한 점은 X가 그러한 행위를 할 청구권이나 자유를 가지는지 여부와는 무관하다. 호펠드는 이러한 경우에 X는 '권능(power)'을 가진다고 한다.

넷째, 'X가 R를 할 수 있는 권리를 가진다'라는 명제는 'X는 X
의 법적 지위를 변경시킬 수 있는 (X가 아닌 다른 누군가인) Y의
권능에 따르지 않아도 된다'라는 뜻일 수도 있다. 호펠드는 이
런 경우에 X는 '면책(immunity)'을 받는다고 이해한다.

호펠드에 따르면, 이러한 네 가지 유형의 '권리'에는 각각
'반대 관계에 있는 개념'과 (동전의 한쪽 면 뒤에 그에 상응하는
다른 면이 있는 것처럼 나의 권리에 상응하는 다른 사람의 지위를 나
타내는) '상응 관계에 있는 개념'이 존재한다. 아래의 표를 살
펴보자.

'법적 관계'에 관한 호펠드의 체계 [47]

반대 관계	권리	특권	권능	면책
	권리-없음	의무	권능-없음	책임

상응 관계	권리	특권	권능	면책
	의무	권리-없음	책임	권능-없음

즉 호펠드가 든 예를 빌려, X가 Y에 대해 어떤 **권리**를 가짐
으로써 Y가 X 소유의 토지에서 퇴거해야 한다는 사실은, Y가

X 소유의 토지에서 퇴거해야 할 **의무**를 부담한다는 사실과 **상응 관계**에 있다(이 두 가지 사실은 동일한 의미를 가진다). **특권**은 의무와 반대 관계에 있고, **권리-없음**과는 **상응 관계**에 있다. 이를 다시 설명하자면, X는 자기 소유의 토지에서 Y를 퇴거시킬 수 있는 **권리(청구권)**를 가지고 있고, 이와 상관없이 X 자신은 자기 소유의 토지에 자유롭게 드나들 수 있는 **특권**을 가지고 있는 것이며, 이를 반대로 보면 X는 자기 소유의 토지에서 퇴거할 **의무**를 부담하지 않는다는 말이다.

호펠드에 따르면, (통상적인 의미에서 권리에 해당하는) 청구권과 **상응 관계**를 맺는 것은 의무밖에 없다. 즉 X가 청구권을 가지고 있다는 말은, (X가 아닌 다른 누군가인) Y가 X에 대하여 일정한 의무를 진다는 말이다. 그러나 X가 자유를 가지고 있다고 해서, 모든 사람이 X에 대해 무언가를 해야 할 의무를 지는 것은 **아니다**. 그러므로 X가 어떤 모자를 쓸 수 있는 ('자유' 라고도 부르는) **특권**을 가지고 있는 경우, Y는 X에게 그 특권에 상응하는 어떠한 **의무**도 부담하지 않지만, Y에게는 X에 대하여 그 모자를 벗으라고 청구할 수 있는 **권리는 없다**. 그래서 특권과 상응 관계에 있는 개념은 권리-없음이다. 마찬가지로, 권능과 상응 관계에 있는 개념은 (다른 사람에 의해 변경된 자신의 법률관계를 받아들여야 한다는 의미에서) 책임(liability)이고, 면책과 상응 관계에 있는 개념은 (다른 사람의 법률관계를 변경시킬 수 없다는 의미에서) 권능-없음(disability)이다.

호펠드의 이론은 많은 각광을 받았다. 하지만 그 한계에 대한 비판도 숱하게 제기되었다. 호펠드가 말하는 네 가지 권리, 즉 오늘날에는 보통 청구권, 자유, 권능, 면책으로 불리는 것들은 모두 **특정한 사람이나 사람들에 대한** 권리이다. 그러나 내가 무엇을 해야 할 의무를 질 때마다 다른 누군가가 그에 상응하는 권리를 가진다고 볼 수는 없다. 그 역도 마찬가지이다. 꼭 나 아닌 다른 사람이 어떤 권리를 가져야지만 내가 무엇을 해야 하는 의무를 지게 되는 것일까? 그런 것 없이 그냥 의무를 부담할 수는 없는 것일까? 있다. 그래서 형법에는 내가 지켜야 할 의무(예: 도로에서 자동차를 운전할 때 준수해야 할 의무)가 규정되어 있지만, 나의 의무에 상응하는 권리를 가지는 사람은 없는 것이다. 왜냐하면 특정한 **누군가**를 상대방으로 두지 않는 의무가 있을 수 있기 때문이다. 예컨대, 경찰관은 범인을 발견하면 그 사실을 보고해야 할 의무를 지는 것이 분명하지만, 그렇다고 해서 이 경찰관이 이러한 보고 의무를 특정한 사람에 대하여 부담하는 것은 아니며, 그렇기 때문에 누구도 이 의무에 상응하는 권리를 가지지 않게 되는 것이다.

그리고 누군가가 다른 **누군가**에 대한 의무를 부담하는 경우에도, 그러한 의무의 상대방이 되는 사람이 반드시 그에 상응하는 권리를 갖게 되는 것은 아니다. 그래서 교사는 자기 학생들에게 일정한 의무를 부담하기는 하지만, 그렇다고 해서 학생들에게 꼭 무슨 권리가 부여되는 것은 아니다. 마찬가지로, 우리가 갓난아기나 동물에 대해 무언가를 해주어야 할 의무를 진다는 점을 인정하더라도, 갓난아기나 동물에게 무슨 권리가 있기 때문에 그러한 의무를 진다고 생각하는 사람은 거의 없다. 반면, 상응 관계에 기초한 권리 이론이 가지는 장점이 있다. 예컨대 취업할 권리를 주장하는 사람은 그에 상응하여 자신에게 일자리를 구해 줄 의무를 지는 당사자가 누구인지를 정확히 알아야 한다는 것이다!

권리 이론

바야흐로 권리의 시대이다. 인간의 권리, 동물의 권리, 도덕적 권리, 정치적 권리는 공적 토론에서 빠지는 법이 없다. 그러나 권리에 기초한 이론에 더해, 의무에 기초한 이론이나 목표에 기초한 이론도 도덕철학자들이나 정치철학자들 사이에서 간간이 논의되고 있다. 이 세 가지 이론들의 차이를 살펴볼 필요가 있는데, 이는 다음과 같이 설명해볼 수 있을 것이다. 고문에 반대하면서 그 이유를 고문을 당하는 사람이 겪는 고통에서 찾는 사람은 '권리에 기초한 이론'을 전개하는 사람이고, 고문에 반대하는 이유로 고문하는 사람의 품위가 손상된다는 점을 드는 사람은 '의무에 기초한 이론'을 주장하는 사람이며, 고문을 하는 사람과 고문을 당하는 사람을 제외한 다른 이들의 이해관계에 영향을 주는 경우에만 고문이 옳지 않다고 여기는 사람은 '목표에 기초한 이론을 주장하는 공리주의자'이다.

로널드 드워킨은 권리 테제를 자신의 법철학의 토대로 삼는다(3장 참조). 즉 가장 중요한 것은 권리이며, 특히 동등한 배려와 존중에 대한 권리가 없이는 인간의 존엄과 공정한 사회를 생각할 수 없다고 한다. 자유보다는 평등이 중요한 것이다. 그리고 평등한 권리라는 이상을 통해 여러 나라에서 이루 말할 수 없이 큰 변화가 일어났다. 그 대표적인 사례가 1950년대에 일어난 미국의 흑인 민권 운동과 1994년 남아프리카 공화국에서 선언된 아파르트헤이트의 폐지이다(그림 7 참조).

인간의 평등이라는 그다지 복잡하지 않은 개념에 터 잡은 법적 주장과 도덕적 주장이 제기되었고, 이에 힘입어 헌법의 개정까지 이루어졌다.

오늘날 정치적·법적 논의에서 인간의 권리, 즉 인권이라는 개념의 위상은 하늘을 찌른다. 텔레비전 뉴스를 보거나 신문 기사를 읽어보라. 인권과 무관한 보도는 찾기 어렵다. 인권 개념은 (1장에서 살펴보았듯이 '자연권'의 형태로) 중세에 이르러 처음 등장했지만, 17~18세기를 거치면서 인권은 종교적 색

7. 출소한 지 얼마 되지 않은 넬슨 만델라(Nelson Mandela, 1918~2013)와 저자가
   함께 찍은 사진이다. 만델라는 27년간의 옥살이를 마친 후 남아프리카 공화국의
   대통령에 당선되었다. 만델라는 변호사로서 아파르트헤이트의 폐지를 위해 온갖
   노력을 기울였고, 세상 사람들은 만델라를 불의에 맞선 투쟁의 상징으로 여기게
   되었다. 또 사람들은 만델라를 자유와 평등을 입법을 통해 보장하고자 헌신한 인
   물로 기억한다.

채에서 벗어나 이해되기 시작했고, 이는 역사적으로 중요한 지적 운동에 해당한다. 이러한 운동의 밑절미에는 다음과 같은 생각이 깔려 있다. 즉 우리 각자는 인간으로서, 다시 말해 바로 인간이라는 이유만으로 인종, 종교, 성별, 나이와 상관없이 다른 누구에게도 양도할 수 없는 기본적 권리들을 부여받았다는 생각이다. 그러한 권리들이 법률에 규정되어 있는지 여부는 전혀 중요하지 않다. 또 그러한 권리들이 '상위법'에 해당하는 자연법(1장 참조)에서 도출될 수 있는지 여부도 별다른 의미가 없기는 매한가지다.

사람들은 제2차 세계대전 중에 벌어진 홀로코스트로 인해 큰 충격에 사로잡혔다. 이에 따라 국제연합에서 1948년 「세계 인권 선언」을 채택하였고, 1976년에는 「시민적 및 정치적 권리에 관한 국제규약」과 「경제적, 사회적 및 문화적 권리에 관한 국제규약」이 발효되었다. 여기에는 인권을 보편적인 가치로 이해하고 보장하기 위해 여러 국가가 공동으로 기울인 노력이 담겨 있다(그림 8 참조).

인권의 역사에도 세대 구분이 가능하다. 1세대 인권은 주로 시민적 권리와 정치적 권리, 즉 소극적 권리들(negative rights)로 구성되는데, 특히 17~18세기를 지나면서 홉스, 로크, 밀(John Stuart Mill, 1806~73)과 같은 영국의 정치철학자들이 1세대 인권의 발전에 앞장섰다(1장 참조). 1세대 인권이 '소극

8. 미국에서는 법 앞의 평등을 위한 힘겨운 노력이 오래도록 이어졌다. 인종에 대한 편견은 다양한 형태로 나타났지만, 특히 미국 남부에서는 폭력적인 형태로 표출되었다. 1889년에서 1918년 사이 2522명의 흑인이 린치를 당해 죽거나 다쳤다. 그 가운데 여성 피해자도 50명에 달했다. © 2006 TopFoto.co.uk

적 권리'로 불리는 까닭은, 이러한 권리를 가지는 개인의 자유
는 누구도 침해할 수 없기 때문이다. 미국의 수정 헌법 제1조
가 좋은 예다. 이 조항에 따르면, 개인이 가지는 표현의 자
유는 법률로도 제한할 수 없다.

2세대 인권에 이르면 경제적 권리, 사회적 권리, 문화적
권리와 같은 적극적 권리들(positive rights)이 부각된다. 여기
에는 교육받을 권리, 굶주리지 않을 권리, 의료 서비스를 제공
받을 권리 등이 포함된다. 3세대 인권으로 접어들면, 집단적
권리들(collective rights)이 중요해진다. 이러한 조짐은 「세계
인권 선언」 제28조에서 엿볼 수 있다. 이 조항에 따르면, "사
람은 누구나 「세계 인권 선언」에 규정된 권리와 자유가 온전
히 실현될 수 있는 사회적 및 국제적 체제에서 살아갈 자격
을 가진다." 이러한 '연대(solidarity)'의 권리들에는 사회적·경
제적 발전을 누릴 권리, 지구나 지구 바깥의 자원을 함께 누릴
권리, (제3세계 국가들에 특히 중요한) 과학이나 기술에 관한 정
보를 공유할 권리, 깨끗한 환경에서 살아갈 권리, 평화에 대
한 권리, 재난을 당한 경우 인도적 원조를 받을 권리 등이 포
함된다.

정치적 권리라고 해서 모두 인권에 해당하는 것은 아니다.
그렇지만 인권이 침해되는 국가에 대한 다른 국가들의 개입
이 정당화될 수 있을 정도로 인권은 중요해 보인다. 그러나 이

런 의문이 든다. 어느 국가에서 인권 침해가 일어나기만 하면, 그것이 무슨 인권인지를 **불문하고**, 해당 국가에 대한 국제연합의 제재 부과는 물론, 북대서양 조약 기구(NATO)를 비롯한 다른 국가들의 군사적 개입까지 인정되는 것일까? (이러한 국제적 간섭은 점점 더 빈번하게 일어나고 있는 실정이다.) 어떤 국가에서 **경제적 권리와 사회적 권리**가 침해되고 있다면, 다른 나라들이 해당 국가의 주권을 무시해도 되는 것일까? 그렇지 않다고 해야 할 것이다. 드워킨은 『정의론Jusice for hedgehogs』에서 이렇게 썼다.

> 세계 각국이 서로 연합하여, 남녀의 임금 격차를 해소하고 괜찮은 학교를 더 많이 설립하기 위해 특정 국가를 침범하거나 가스실에서의 사형 집행을 중단하고 동성혼을 허용하기 위해 플로리다주를 침범하는 것을 (…) 옳다고 할 수는 없다. 이러한 군사적 개입이 국제연합 안전보장이사회의 결의를 거쳐 성공리에 끝날 수 있더라도 마찬가지이다. (…) 크나큰 고통을 낳기 마련인 경제적·군사적 제재는, 그야말로 야만적인 행위들, 즉 대량 학살, 정적(政敵)에 대한 구금이나 고문, 도처에서 이루어지는 가혹한 차별 등을 저지하기 위한 수단이 아니라면 정당화될 수 없는 것이다.[48]

이 인용문에서는 여타의 인권들보다 더 근본적이고, 더 본질적이며, 더 보편적인 인권이 따로 있다는 생각이 드러난다. 이러한 생각이 옳다면, 사회적 권리나 경제적 권리와 같은 '적극적' 권리는 (그것이 인권 선언이나 각국의 헌법에 규정되는 경우가 많더라도) 시민적 권리나 정치적 권리와 같은 '소극적' 권리와 동급으로 놓을 수는 없다. 이러한 이분법을 둘러싼 논쟁은 그칠 줄을 모른다. 특히 (의문의 여지는 있으나 일단) 사회적 권리와 경제적 권리를 재판에서 주장할 수 있다고 하더라도, 국민에 의해 직접 선출되지 않은 법관이 경제적 자원을 어떻게 분배해야 하는지를 결정할 수 있는 권한을 가져도 되는지에 대한 의견도 분분하다.

인권의 매력과 중요성을 누가 부인하겠는가마는, 인권은 (앞뒤가 맞지 않는 수준까지는 아니더라도) 상당히 모호한 개념인 것이 사실이다. 이와 관련해 제임스 그리핀(James P. Griffin, 1933~2019)은 『인권론On Human Rights』이라는 책에서 다음과 같이 냉철한 평가를 내렸는데, 이에 대해 딱히 반박하기가 어렵다.

'인권'이라는 용어에 관한 기준은 없는 것이나 마찬가지다. 인권이라는 용어가 정확하게 쓰인 경우와 부정확하게 쓰인 경우를 결정하기 위한 기준을 당최 찾아보기 어렵다는 말이다. 정치인들만 그러한 기준도 없이 인권에 대해 떠드는 것이 아니다. 철학자들도, 정치이론가들도, 법학자들도 매한가지다. 사정이 이렇다보니, 인권이라는 말이 가지는 가치는 퇴색되어왔다.[49]

그런데 인권이란 과연 보편적 권리일까? 지역마다 문화와 역사, 사회적 조건과 정치적 조건이 다른 만큼, 인권도 어느 정도는 '상대적인' 권리이지 않을까? 예컨대, 문화 상대주의자들은 「세계 인권 선언」 같은 것들이 지역적 다양성을 간과하고 있다고 주장한다. 문화 상대주의는 인류학에서는 상당히 오랜 역사를 가지고 있지만, 인권에 대한 논의로 들어온 지는 얼마 되지 않았다. 미국의 철학자 존 래드(John Ladd, 1917~2011)가 『윤리적 상대주의Ethical Relativism』에서 밝힌 내용에서 문화 상대주의의 핵심을 확인해볼 수 있다. 즉 "지역마다 형성된 다양한 문화들을 단순히 몇 가지 속성으로 추려낼 수는 없다. 왜 그러냐 하면 문화란 저마다 고유한 전체를 이루는 것인바, 각 부분들이 워낙에 서로 밀접한 관련을 맺고 있는 터라 한 부분을 이해하고 평가하기 위해서는 다른 부분들, 나아가 그 문화의 전체, 즉 이른바 문화의 패턴을 읽을 수 있어야 하기 때문이다."[50]

문화 상대주의에 대한 반박 논리로는 크게 두 가지를 생각해볼 수 있다. 첫째, 도덕이 사회적 요인에 따라 달라진다는 생각은 옳지 않다는 것이다. 즉 이러한 입장은 **절대주의** (absolutism)로 볼 수 있다. 둘째, 문화나 도덕이 사회마다 언제나 다르다는 생각은 틀렸다는 것이다. 이러한 입장은 **보편주의** (universalism)로 알려져 있다.

플라톤도 절대주의를 주장했다. 절대주의에 따르면, 도덕적 신념의 타당성은 그러한 신념을 받아들이는 사람의 사회적 배경이나 문화적 배경과는 논리적으로 무관하다. 즉 윤리학은 수학만큼이나 과학적인 탐구라는 것이다. 그러나 절대주의는 도덕적 사고와 '실제 세계(real world)'를 완전히 분리했다는 비판을 받기 쉽다. 절대주의에 따르면, 도덕을 사유할 때에는 도덕을 다른 모든 것으로부터 고립시켜야 하기 때문이다.

보편주의는 자문화중심주의(ethnocentrism)라고 낙인 찍히는 경우가 많다. 왜냐하면 보편주의자들은 문화적 관행을 특정한 관행이 이루어지는 해당 문화의 관점에서 이해하지 못하기 때문이다.

정의

법은 정의(justice)와 동일시되는 경우가 많다. 영어로 법원을 이르는 말에 'courts of justice'와 같이 정의를 집어넣고, 법원 청사에도 정의라는 단어 자체를 눈에 띄게 새겨 놓는다든지 형평이나 공정을 상징하는 마크를 보란듯이 붙여놓는다. 정부는 법무부(ministry of 'justice')로 불리는 중앙행정기관을 두고 법무 행정을 감독하도록 한다. 검사에 의해 기소된 피고인은 이제 '법의 심판을 받게 된다(brought to justice)'. 그러나 법과 정의의 관계는 신중하게 다루어야 할 문제이다. 즉 정의를 벗어난 법도 있는 것이다. 그리고 단순히 정의를 벗어난 수준이 아니라, 아예 불의를 실현하기 위해 만들어진 법도 있을 수 있다. 나치 독일에서 제정된 법이나 남아프리카 공화국에서 아파르트헤이트의 근거가 된 법이 그렇다. (모범적인 사회에서는) 정의를 지향하는 법만 존재할 수도 있겠지만, 그렇다고 해도 법과 정의를 동일시하는 것은 문제가 있다.

정의가 단순한 개념인 적은 한 번도 없었다. 정의에 관한 논의는 대부분 고대 그리스의 아리스토텔레스에서 시작한다. 아리스토텔레스에 따르면, 같은 것들은 같게, '다른 것들'은 다른 정도에 비례하여 다르게 취급하는 것이 곧 정의이다. 아리스토텔레스는 정의를 다시 '교정적(corrective)' 정의와 '배분적(distributive)' 정의로 구분한다. 교정적 정의는, 법원이 누군가가 다른 사람에 대해 저지른 잘못(예: 형사상 범죄, 민사상 불법 행위)을 바로잡을 때 문제된다. 배분적 정의는, 각자에게 응분의 몫을 나눠주고자 하는 상황과 관련된다. 아리스토텔레스가 보기에, 배분적 정의는 주로 (법관이 아니라) 입법자가 고려할 주제에 해당한다. 그러나 아리스토텔레스는 정의의 내용이 과연 무엇인지에 대해서는 설명하지 않았다.

정의의 내용에 대해서는 고대 로마인들로부터 좀더 명확한 조언을 들을 수 있다. 유스티니아누스 법전(Corpus Juris Civilis)은 동로마 제국의 황제 유스티니아누스 1세(Justinian I, 482~565)의 명에 따라 제정된 시민법이다. 유스티니아누스 법전에서는 정의를 "각자에게 응분의 몫을 주려는 지속적이고 항구적인 의지"로 규정한다. 그리고 "법의 기본 원칙들"로 "정직하게 살 것, 남을 해치지 말 것, 각자에게 응분의 몫을 줄 것"을 들고 있다. 이러한 원칙들은 (정의에 관한 구체적인 내용을 담고 있지는 못하지만) 적어도 정의라고 하면 떠오르는 저마다의 생각들에 공통되는 핵심 속성 세 가지를 분명히 반영하고 있다. 즉 이를 통해 사람은 누구나 중요한 존재라는 점, 누구나 일관되고 공평한 대우를 받아야 한다는 점, 누구나 동등한 대우를 받아야 한다는 점을 알 수 있다.

정의의 핵심 요소인 공평(impartiality)의 의미는 그리스 신화에 나오는 정의와 법의 여신 테미스(Themis)라는 구체적인 형상으로 표현되는 경우가 많다. 테미스는 언제나 한 손에는 검을, 다른 한 손에는 양팔저울을 쥐고 있다. 이때 검은 법관

9. 이른바 '정의의 여신'은 눈가리개를 쓴 채, 한 손에는 검을, 다른 한 손에는 양팔 저울을 쥐고 있다. 이 사진은 영국 런던에 위치한 중앙형사법원(별칭: '올드 베일리Old Bailey') 청사의 꼭대기에 있는 정의의 여신상을 촬영한 것이다. © 2006 TopFoto.co.uk

이 가진 힘을 나타내고, 양팔저울은 정의를 구현하는 중립과 공평을 상징한다. 16세기에 이르면, 예술가들은 테미스에게 눈가리개를 씌움으로써 정의가 외부의 압력에 굴하지 않는다는 점을 부각시켰다(그림 9 참조).

만족할 만한 정의의 개념을 찾는 데 평등(equality)이 도움이 될 것 같다. 같은 것들은 같게, 다른 것들은 다르게 대하라는 구호가 매력적이기는 하다. 다만, 엘리자베스와 제임스가 서로 같은지 다른지를 결정하기 위한 객관적으로 확인할 수 있는 적절한 기준에 대해 모두가 동의할 수 있어야 한다는 조건이 먼저 갖추어져 있어야 한다. 그러한 기준들 가운데 하나로 생각해볼 수 있는 것은 각자의 형편이다. 엘리자베스는 부자이고, 제임스는 가난하다고 하자. 합리적인 사람치고 엘리사베스 대신에 제임스에게 생활비를 지급하는 일에 반대하려는 사람이 있을까? 그러나 제임스가 낭비와 사치 때문에 가난해졌다면, 반대하는 사람이 나올지도 모르겠다. 그러므로 각자의 형편도 모두가 동의할 수 있는 기준이 되지 못한다.

그렇다면 응분의 몫(desert)은 어떤가? 각자에게 주어진 응분의 몫이 무엇인지 알면 정의를 구현할 수 있을까? '누군가 응분의 몫을 받았다'라는 말을 자주 듣게 되는데, 가령 도리스가 열심히 일했기 때문에 보리스보다 먼저 승진한 경우를 떠올려볼 수 있다. 그러나 보리스가 도리스만큼 일에 열정을 쏟지 못하는 이유가 있다. 보리스는 육아도 해야 하기 때문이다. 퇴근해서 아이들 뒤치다꺼리까지 하고 나면 그만 녹초가 된 나머지 근무 시간에 온전히 업무에 집중하기 어려워지는 것이다. 보리스가 집에서 겪는 어려움을 완전히 제거할 수 없다고 한다면, 응분의 몫에 기초한 정의는 실제로는 불의를 낳게 될지도 모른다!

개인들 사이의 정의를 구현하는 일도 어렵지만, 사회적 정의(social justice)의 문제, 즉 케이크를 공평하게 자르기 위한 사회적·정치적 제도를 구축하는 일도 만만치 않다. 오늘날 정의에 관한 설명은 사회적 생활에서 오는 혜택과 부담을 사회 내에서 최대한 공평하게 배분할 수 있는 방법을 중심으로 이루어지는 편이다. 이와 관련하여 크게 주목받아온 이론이 다름 아닌 공리주의(utilitarianism)이며, 오늘날에는 공리주의 대신에 법경제학이 상당한 영향력을 행사하고 있다. 따라서 지금부터는 공리주의와 법경제학을 소개하고자 한다. 이어서 이 장의 말미에서는 '공정으로서의 정의'로 잘 알려진 존 롤스의 정의 이론을 핵심 위주로 정리해보겠다.

공리주의

공리주의자들에 따르면, 정의란 행복을 극대화하는 것이

다. 공리주의자로 가장 유명한 사람은 제러미 벤담이다(벤담의 법실증주의는 2장에서 살펴보았다). 벤담에 따르면, 사람은 누구나 평소에 행복을 추구하고 고통은 피하고자 하는데, 그렇다면 사회 역시 이러한 목표를 실현할 수 있도록 조직되어야 한다. 벤담이 쓴 『도덕과 입법의 원칙에 대한 서론Introduction to the Principles of Morals and Legislation』을 읽어보자.

> 자연에 의해 인류는 두 명의 군주, 즉 **고통**(pain)과 **쾌락**(pleasure)을 모시게 되었다. 고통과 쾌락이 없다면 우리 인간은 무엇을 해야 하는지를 알 도리가 없고, 무엇을 할 것인지도 결정할 수 없다. 옳고 그름을 가리는 기준도, 원인과 결과의 연쇄도 고통과 쾌락의 권좌로부터 벗어날 수 없다. (⋯) 고통과 쾌락에 대한 종속은 **공리의 원리**(principle of utility)에 의해 인정되는 것이며, 공리의 원리에 따르면 이러한 종속이 없이는 이성과 법의 손길로 행복의 근간을 세우려는 목적을 지닌 체계는 등장할 수 없다. 공리의 원리를 의문시하려는 자들은 의미가 아니라 소리를, 이성이 아니라 변덕을, 빛이 아니라 어둠을 다루는 체계를 만들게 될 따름이다. [51]

그러므로 결정적인 요소는 우리의 행위가 낳는 결과이다. 즉 어떤 행위를 함으로써 우리가 행복해지는지, 아니면 슬퍼

지는지가 관건인 것이다. 벤담에 따르면, '행복 계산법(felicific calculus)'을 적용함으로써 어떤 행위나 규칙이 '행복의 요인(happiness factor)'에 해당하는지 여부를 검토할 수 있다. 이처럼 공리주의에서는 행위의 결과가 중요하기 때문에, 공리주의는 '결과주의(consequentialism)'에 속한다. 결과주의는 의무론적 윤리학과 확연히 구별된다. 의무론적 윤리학에 따르면, 어떤 행위의 옳고 그름은 그 행위의 결과가 어떠한지와는 논리적으로 무관하기 때문이다. 의무론적 윤리학을 지지하는 사람들이 신이 나서 외치는 구호들 가운데 하나를 꼽자면 바로 이것이다. '하늘이 무너져도 정의는 세워라!'

공리주의자들이 '행위 공리주의(act utilitarianism)'와 '규칙 공리주의(rule utilitarianism)'를 구분한다는 점도 새길 필요가 있다. 행위 공리주의에 따르면, 어떤 행위가 옳은지 그른지는 그 행위 자체의 결과가 좋은지 나쁜지로 정해져야 한다. 이와 달리 규칙 공리주의에 따르면, 어떤 행위가 옳은지 그른지는 비슷한 상황에서라면 누구라도 그렇게 하는 것이 옳다는 규칙의 결과가 좋은지 나쁜지로 정해져야 한다.

공리주의에 관한 논의는 '행위 공리주의'와 관련되는 것이 일반적이지만, 법철학자들은 '이상적인 규칙 공리주의(ideal rule utilitarianism)'의 편에 서는 경우가 많다. 이상적인 규칙 공리주의에 따르면, 어떤 행위의 옳고 그름에 관한 판단은 어떤 규칙의 결과가 좋은지 나쁜지에 따라 이루어져야 하며, 규칙이 잘 지켜지는 경우 동일한 행위에 적용되는 여타의 규칙들보다 더욱 좋은 결과가 나올 것이다. 이러한 유형의 규칙 공리주의는 피고가 원고에게 손해를 배상해야 하는지 여부를 결정해야 하는 사건을 맡은 법관에게 확실히 도움이 된다. 이에 따르면 법관은 피고에게 판결을 내리는 행위가 어떠한 결과를 가져올지를 고려할 필요가 전혀 없기 때문이다.

오늘날에는 벤담식의 쾌락을 지향하는 행위 공리주의를 옛것으로 치부하는 공리주의자들이 많다. 존 스튜어트 밀(John Stuart Mill, 1806~1873)은 쾌락을 고급 쾌락(higher pleasure)과 저급 쾌락(lower pleasure)으로 나누면서, 쾌락이 좋음의 필요조건이기는 하나, 좋음은 유쾌함과 불쾌함이 아니라 경험의 질에 의해 결정된다고 했다. 그러나 이러한 밀의 공리주의도 요즘은 그다지 큰 공감을 얻지 못하고 있다. 왜 그럴까? 아마도 밀도 벤담과 마찬가지로 자기가 생각하기에 사람들이 좋아해야 마땅한 것들을 자기가 좋아하는 것들로 대체한 것처럼 보이기 때문일 것이다.

그리하여 현대 공리주의자들은 사람들이 원하는 바를 이룰 수 있는 정도를 최대로 늘리는 일에 대해 논의한다. 즉 사람들이 좋아하는 것들을 충족시키고자 노력해야 한다는 것이다. 이러한 사고방식에는, 개인의 선택권을 도외시하는 '좋음'에 관

행위의 결과에 대해 평가하기

나는 열대지방의 어느 무인도에 고립되고 말았다. 내 곁에는 죽어가는 남자만 한 명 있었는데, 이 남자는 내게 1만 달러를 내밀며 어떤 부탁을 하고는 얼마 지나지 않아 숨을 거두었다. 그 부탁인즉, 내가 미국으로 살아 돌아가거든 자기 딸 리타(Rita)를 만나서 그 돈을 꼭 좀 전해달라는 것이었다. 나는 그러겠노라, 약속했다. 얼마 지나지 않아 나는 섬에서 구조되었다. 그리고 리타를 찾아갔다. 리타는 으리으리한 저택에 살고 있었다. 리타는 백만장자와 결혼했던 것이다. 이제 리타에게 1만 달러는 큰돈이 아닐 것이다. 이러한 경우에 그 죽어가던 남자와의 약속을 어기고 자선 단체에 1만 달러를 기부하면 안 되는가? 공리주의자로서 나는 나의 행위가 어떠한 결과를 낳을 수 있는지에 대해 생각한다. 그러나 그러한 결과란 무엇인가? 내가 약속을 어긴 결과와 동물 복지 단체에 1만 달러를 기부하는 선행을 비교해볼 필요가 있다. 약속을 지키는 것이 약속을 어기는 것보다 더 선한 결과를 가져올 것인가? 내가 이 약속을 저버린다면, 나는 내가 한 다른 약속들도 지킬 수 없게 될 수도 있다. 다른 사람들이 약속을 지키는 일을 별로 중요하게 여기지 않게 될지도 모르는 일이다. 달리 말해, 나는 나의 선택에 따른 가능한 모든 결과를 계산해야 한다. 그러나 이러한 결과주의에 반대하고 칸트의 이론을 옹호하는 사람들은, 내가 리타에게 1만 달러를 전달해야 하는 이유는 바로 내가 그렇게 하겠다고 약속했기 때문이라고 주장할 것이다. 불확실한 미래의 결과가 아니라 의심의 여지가 없는 과거의 사실, 즉 약속에 터 잡아 무엇을 할 것인지를 결정해야 한다는 것이다. 나는 이렇게 대답하지 않을까 싶다. 과거에 숨이 끊어져가던 남자와 한 약속을 고려하기는 한다고. 그러나 그 약속이 1만 달러를 리타에게 주지 않고 자선 단체에 기부하는 행위에 따르는 전체 결과들에 영향을 미친다는 정도로만 고려할 뿐이라고. 나는 또 이렇게 말할 수도 있을 것이다. 모든 약속을 예외 없이 지켜야 한다는 주장은 정말이지 말도 안 된다고. [52]

한 어떠한 이해도 강요하지 않는다는 장점이 있다. 즉 우리는 푸코가 쓴 철학책보다 축구를 더 좋아할 수도 있고, 모차르트가 작곡한 음악보다 모타운(Motown) 장르의 음악을 선호할 수도 있는 것이다. 물론 이러한 생각에도 문제가 없는 것은 아니다. 이 점은 뒤에서 살펴보기로 한다.

공리주의가 상당히 매력적인 이유는, 정의의 기준을 따질 때 도덕적 직관이 아니라 현실적으로 쉽게 와닿는 인간의 행복을 제시하기 때문이다. 그러나 공리주의를 비판하는 사람들은 공리주의자들이 '사람들의 개별성(separateness of persons)'을 제대로 포착하지 못한다는 점을 오래도록 지적해왔다. 나아가 (적어도 순수한 형태의) 공리주의는 인간을 목적 자체가 아니라 수단으로 여긴다는 비판도 있다. 즉 공리주의자들이 개별성을 지닌 개인들을 중요하게 여기는 이유가 있다면, 이는 개인들이 "가치 있는 것을 발견할 수 있는 통로나 장소"[53]라는 점 말고는 없다는 것이다.

둘째, 공리주의에 대한 비판에는 다음과 같은 것도 있다. 즉 공리주의자들이 개개인을 평등한 존재로 대하기는 하지만, 이는 공리주의자들이 개인에게는 아무런 가치가 없다고 생각하는 데에서 기인할 따름이라는 지적이다. 다시 말해, 한 개인의 가치를 논할 수 있다면, 이는 그가 인간이기 때문이 아니라, 쾌락이나 행복을 '경험하는 자'이기 때문이라는 것이다. 셋째, 행복이나 복지와 같은 것들의 **분배**에 관한 모든 문제 중에서도 유독 쾌락이나 행복의 총합의 증가만을 뽑아내 바람직한 도덕적 목표로 여겨야 하는 이유를 납득하기 어렵다는 비판도 있다.

넷째, 신중히 고민해서 현재의 행복을 미래의 만족을 위해 미루는 이성적인 개인을 비유로 드는 공리주의자들이 있는데, 이러한 비유가 틀렸다고 생각하는 이들도 있다. 이들이 보기에, 이러한 비유를 받아들이게 되면 나의 쾌락은 다른 사람들의 더 큰 쾌락으로 대체할 수 있는 것이 되기 때문이다. 다섯째, 공리주의의 핵심을 이루는 가정을 논박하는 사람들도 있다. 이들은 이렇게 묻는다. 사람들이 자신의 욕망을 채우려고 해야 하는 이유는 무엇인가? (가령 동물을 학대하고 싶은 욕망과 같이) 어떤 욕망은 만족시킬 가치가 없지 않은가? 그리고 광고에 현혹된 나머지 무언가 필요하다고 생각하거나 무엇을 하고 싶다고 느끼게 되는 경우가 태반이지 않은가? 만일 그렇다면, 사람들이 '진정으로' 좋아하는 것들을 '어떤 조건이 갖추어짐에 따라' 좋아하게 된 것들로부터 분리해낼 수 있는가? 그러면 공리주의자들이 사람들에게 두왑(Doo Wop)이라는 장르의 음악을 듣는 것보다 드워킨의 법철학을 읽는 것을 더 좋아하도록 설득하는 것은 바람직한가? 만일 그렇다고 한다면, 이러한 설득은 어떻게 정당화되는가? 혹시 누군가가 공리의 원리가 그렇게 하도록 이끈다고 대답한다면, 우리가 원하는 것뿐만 아니라 설득과 재교육을 통해 우리가 언젠가 원하게 될지도 모르는 것까지 행복 계산법에 포함된다는 점을 말하고 있는 것은 아닌가?

존 롤스는 다른 점을 지적한다. 롤스에 따르면, 공리주의자들은 무엇이 옳은 것인지를 그것이 '좋은' 것인지를 확인함으로써 정의한다. 즉 공리주의자들은 무엇이 '좋은' 것(예: 행복)인지에 대한 이해에서 출발한 다음, 어떤 행위가 **옳은** 이유는 해당 행위가 '선'을 극대화하기 때문이라는 결론을 내린다는 것이다.

우리는 어떤 경우에도 복리를 최대로 증진하기 위해 애써야 하는가? 혹자는 복리를 정의롭게 분배하는 일이 훨씬 더 중요하다고 본다. 행위의 결과를 계산하는 것이 몹시 어려운 문제라는 점을 지적하는 사람들도 있다. 우리가 계획한 일에서 어떤 결과가 도출될 것인지를 어떻게 미리 알 수 있다는 말인가? 또 우리의 행위로 인한 결과를 얼마나 멀리까지 예측(하거나 예측)할 수 있다는 말인가?

누군가의 쾌락을 다른 누군가의 고통과 비교하려는 시도도 성공하기 어려울 게 분명하다. 마찬가지로, 더 넓게 생각해보면, 법관이나 입법자는 두 가지 이상의 행동 방침 가운데 어느 하나를 선택하거나 다수의 행복과 소수의 불행을 합리적으로 비교할 적에 난관에 부딪히는 경우가 많을 것이다.

법경제학

공리주의자들과 마찬가지로, 법경제학(economic analysis of law)을 지지하는 사람들은 사회의 정의는 우리가 평소에 하는 합리적인 선택들로 뒷받침된다고 한다.

법경제학은 공리주의의 현대적 형태인데, 법경제학자들은 합리적인 인간은 항상 자신의 만족을 극대화할 선택지를 고른다는 전제에서 출발한다. 즉 법경제학이란 현대판 실용주의적·경제적 쾌락주의(hedonism)이며, 이에 따르면 합리적인 인간은 자신이 절실히 원하는 것을 얻기 위해 비용을 **지불**할 용의가 있기 마련이다. 법경제학자들에 따르면, 법경제학의 **존재 이유**는 부의 극대화(wealth-maximization)에 있으며, 이를 통해 공리주의의 단점을 극복하면서도 공리주의의 장점은 살리게 된다. 그래서 누구나 한 번쯤은 법경제학의 매력에 푹 빠져들게 되는 것이다.

대표적인 법경제학자로는 법관 출신의 리처드 포스너(Richard Posner, 1939~)를 들 수 있다. 포스너는 자신이 공리주의자가 아니라고 하면서도, 법의 상당 부분은 부의 극대화라는 명백한 사실 하나로 설명할 수 있다고 한다. 판결하기 어려운 사건을 맡은 법관은 결론을 내릴 때 사회의 부를 극대화하는 결과를 고려하는 경우가 많다는 것이다. 포스너는 재화나 자원이 **그 가치를 가장 높게 인정하는** 사람, 즉 그것을 갖기 위해 더 많은 돈을 **지불**(할 능력이 되면서 지불)할 용의가 있는 사람의 수중에 들어간 상황을 '부의 극대화'로 규정한다.

예를 들어, 포스너가 쓴 『법경제학The Economic Analysis of Law』을 최대 12달러까지 지불하고 구매할 용의가 있었던 사람이 그 책을 10달러에 사게 된다면, 그 사람의 부는 2달러만큼 증가하는 것이다. 마찬가지로, 한 사회에 있는 모든 자원이 가능한 한 높은 금액으로 거래되는 방식으로 분배되면, 그 사회의 부는 극대화된다. 그리고 이렇게 되어야 바람직하다는 것이 포스너의 생각이다. 그러므로 포스너의 법경제학은 기술적(descriptive)이면서도 규범적(normative)인 이론에 해당한다. 포스너를 비롯한 이른바 시카고학파 학자들이 1960년대부터

발표하기 시작한 일련의 논문들을 살펴보면, 이들은 미국의 법관들이 (스스로 의식하지 못하는 경우가 대부분이지만) 이러한 경제적 고려를 토대로 판결을 해왔다는 사실을 입증하고자 한다는 점을 알 수 있다.

포스너는 법의 독자성을 다음과 같이 두 가지 이유에서 부정한다. 첫째, 포스너는 법이 사회적·경제적 영향을 받으면서 전개된다고 생각한다. 둘째, 포스너는 (특히 경제학과 같은) 법학이 아닌 분과들을 참고하지 않고서는 법을 제대로 이해할 수 없다고 주장한다. 그러므로 (앞서 언급한 바와 같이) 경제적 요소들을 중시하는 포스너의 이론은 (경제학이 실제로 법관의 판결을 좌우한다는 측면에서) 기술적이면서도 (법관은 자원의 효율적인 배분을 고려하여 재판을 해야 한다는 측면에서) 규범적이다. 경제적 분석을 하고자 하면 '최적(optimality)', '거래 비용(transaction costs)', '피해 비용(damage costs)', '사고를 미연에 방지하는 데 드는 비용(precaution costs)' 등의 전문 용어들을 많이 사용하지 않을 수 없다. 종잡을 수 없이 난해한 개념들도 많지만, 비교적 이해할 만한 개념들도 있다.

이탈리아 경제학자 빌프레도 파레토(Vilfredo Pareto, 1848~1923)의 이름을 딴 파레토 최적(Pareto Optimality)이라는 기준을 잠시 살펴보자. 파레토 최적이란, 적어도 어느 한 사람은 변화가 일어나기 전보다 자신의 형편이 더 나빠졌다는 생각이 들지 않고서는 어떠한 변화도 일어날 수 없는 상태를 일컫는다. 다시 말해, 한 사람의 이익이 증가하기 위해서는 반드시 다른 누군가의 이익이 감소해야만 하는 상태를 뜻한다. 반면에, 자원의 분배 방식에 변화를 줌으로써 그로 인해 손실을 본 자들에게 보상이 될 만한 재원을 마련할 수 있다면, 이는 칼도-힉스 기준(Kaldor-Hicks test)에는 부합하게 된다. 또 '한계효용의 체감(diminishing marginal utility)'은, 무일푼의 거지에게 적선한 5파운드는 그 거지의 살림에는 커다란 보탬이 될 테지만, 백만장자의 입장에서 5파운드는 있으나 마나 한 푼돈에 불과하다는 사실을 설명하는 개념이다.

1991년 노벨 경제학상을 수상한 영국의 경제학자 로널드 코스(Ronald Coase, 1910~2013)의 이름을 딴 코스의 정리(Coase theorem)도 유명하다. 코스의 정리는 하나의 결과가 가장 '효율적인(efficient)' 상태를 가정한다. 그러나 삶이 실제로 그렇게 단순할 리가 없다. 이러한 과정에서 일정한 비용이 발생하게 될 것이기 때문이다. 코스의 정리는 다음과 같이 단순화해볼 수 있을 것이다. 즉 거래를 하는 데 아무런 비용도 들지 않는다면, 해당 거래에 어떤 법을 적용하건 간에 효율적인 결과가 나온다는 것이다. 경제학에서 코스의 정리가 차지하는 비중은 상당했다. 특히 '법경제학자들'은, 재해보상 제도의 효율성을 측정하는 경우와 같이 비용과 편익에 경제적 가치를 매길 수 있는 조건이 충족되기만 한다면 코스의 정리를 적용함으로써 정의로운 해결책을 제시하려 했다.

그러나 법경제학도 상당히 많은 비판을 받았다. 법관이 판결을 내릴 때 경제적 요소들이 실제로도 그렇게 중요했는가? 부의 극대화는 (그 자체로 또는 다른 목적을 위한 수단으로서) 사회에서 정의와 견줄 만한 '가치'가 될 수 있는가? 법경제학은 개인의 선택을 너무 단순화하지는 않았는가? 법경제학은 자본주의적 자유 시장 체제와 같은 특정한 이념에 경도된 이론에 지나지 않는 것은 아닐까? 법경제학과 **정의**는 무슨 관계일까? 법경제학은 부를 **최초로** 분배하는 상황을 전제하는데, 이는 전혀 정의롭지 않을지도 모른다. 따라서 '효율성(efficiency)'은 기존의 불평등을 합리화하고 유지하는 수단이 된다. 그리고 삶을 부(wealth)라는 하나의 기준으로 환원시킬 수 있는가? 또 그렇게 해야 하는가?

오늘날 특히 미국에서는 정책 입안자들은 물론 법관들까지도 경제학적 관점을 널리 받아들이고 있다. 여러 정책의 결과를 예측하고 이를 토대로 현행법을 더 좋은 법으로 개정하려고 하는 입법자를 생각해보면, 경제학적 접근법은 특히 정책을 입안할 때 더 적합하다는 사실을 알 수 있다. 그러나 법관들이 재판 과정에서 당사자의 주장이 타당한지 여부를 확인하기 위해 경제적 관점을 도입할 수 있을 만큼 경제학에 대한 이해도가 높은지는 의문일 수 있다. 포스너조차도 모든 법관이 자기만큼 경제학에 해박하지 않다는 점을 인정하지 않을 수 없을 것이다.

공정으로서의 정의

존 롤스(John Rawls, 1921~2002)의 『정의론A Theory of Justice』은 널리 인정받는 역작이다. 롤스는 이 책에서 '공정으로서의 정의(justice as fairness)'라는 개념을 상세히 다루고 있으며, 오늘날 정의에 관한 논의는 (당연하게도) 『정의론』을 중심으로 전개된다.

'공정으로서의 정의'를 처음 접하면 새로울 것 하나 없는 뻔한 생각으로 느껴질 수도 있다. 그러나 그렇지 않다. 롤스는 공리주의로는 정의가 무엇인지를 제대로 확인할 수 없다고 생각하면서, 사회의 행복이 불평등을 통해 극대화되는 것이 확실하다 해도 불평등을 지지하는 것은 말도 안 되는 처사라고 주장한다. 롤스에 따르면, 행복은 이익과는 상관이 없으며, 오히려 행복은 자존감(self-respect)과 같은 '사회적 기본 가치(primary social goods)'와 관련을 맺는다. 특히 정의의 문제는 행복의 문제에 앞선다고 롤스는 생각한다. 즉 오로지 어떤 쾌락이 정의롭다고 여겨지는 경우에만 그러한 쾌락이 가치 있는지를 가늠할 수 있게 된다는 것이다. 그러니까 고문 자체가 정의에 부합하는지를 확인하고 나서야 비로소 토머스가 고문을 하면서 얻는 쾌감을 가치 있는 것으로 인정해야 하는지를 판단할 수 있다는 말이다. 그렇다면 이렇게 정리해볼 수 있다. 공리주의자들이 '무엇이 좋은지'를 기초로 '무엇이 옳은지'를 정의한다면, 롤스는 그와 반대로 '무엇이 좋은지'보다 '무엇이 옳은지'가 먼저 던져야 할 질문이라고 보는 것이다(그림 10 참조).

『정의론』은 홉스, 로크, 루소로부터 시작된 사회계약론을 다루면서 시작한다. '공정으로서의 정의'라는 롤스의 이론은 바로 이 사회계약론에 뿌리를 내리고 있다. 롤스는 『정의론』에서 사회계약을 고도로 추상화시키는 것이 자신의 이론적 목표임을 밝힌다. 롤스에 의하면, 이러한 목표를 달성하기 위해서는 원초적 계약이 특정한 사회로 접어들거나 특정한 형태의 정부를 수립하기 위한 계약이라는 생각을 버려야 하고, 원초적 계약은 사회의 기본 구조를 세우는 데 필요한 정의의 원리들을 대상으로 한다는 점을 받아들여야 한다. 여기서 정의의 원리들이란, 자신의 이익을 증진하고자 하는 자유롭고 합리적인 사람들이 서로가 평등한 최초의 입장에서 사회계약의 근본 조건들을 규정한다고 인정할 법한 원리들을 일컫는다. 정의의 원리들은 앞으로 체결될 모든 합의의 기초가 되는

10. 존 롤스는 '공정으로서의 정의'를 주창하면서 정의라는 난해한 개념에 관한 연구
에 지대한 공헌을 했다. © Jane Reed/Harvard University Gazette

것이며, 이러한 원리들을 통해 사회적 협동(social cooperation)
이나 정부(government)가 어떠한 유형과 형태로 형성될 수 있
는지를 구체적으로 알 수 있게 된다. 정의의 원리들을 이러한
방식으로 다루는 것이 바로 롤스가 말하는 '공정으로서의 정
의'인 것이다.

롤스는, 정의에 대한 진정한 판단과 정의에 대한 주관적이
고 이기적인 직관을 구분할 필요가 있음을 강조한다. 그리고
이러한 구분은 필연적이기는 하나, 우리가 자신의 판단을 되
짚어봄으로써 조정할 필요가 있는 것이고, 이러한 숙고를 통
해 직관과 원리가 서로 별반 다르지 않은 상태에 이르게 된다.
이러한 상태를 두고 '반성적 평형(reflective equilibrium)'이라고
한다.

롤스는 '원초적 입장(original position)'에 놓인 사람들이 '무
지의 베일(veil of ignorance)'에 둘러싸인 채로 정의의 원리들을
두고 논쟁을 벌이는 가상의 장면을 제시한다. 이 사람들은, 자
신은 물론 다른 이들의 성별, 계급, 종교, 사회적 지위 등에 대
해 알지 못한다. 이들은 저마다 특정한 사회적 계급에 속하지
만, 자신이 총명한지 아둔한지, 강한지 약한지를 알지 못하며,
심지어 자신이 어느 시기에 어느 나라에서 살게 될지도 모른
다. 다만, 이 사람들은 과학 법칙이나 심리학 법칙에 대한 기
본 지식만은 확실히 가지고 있다.

이처럼 아는 것이 거의 없는 상태에서, 사람들은 자신들이 모여 살게 될 사회의 조건들을 규정하는 일반적인 원리들을 만장일치로 채택해야 한다. 그 과정에서 사람들은 합리적 이기심에 따라 결정을 내리게 된다. 즉 각자가 생각하는 좋은 삶을 누리기 위한 최선의 기회를 제공할 원리들을 추구하는 것이다. 롤스에 따르면, 성별과 같은 각자의 개별적 특성들을 전혀 알지 못하는 원초적 입장에 놓인 사람들은 '최소극대화(maximin)' 원리를 선택하게 되어 있다. 롤스는 다음과 같은 득실표를 예로 들어 최소극대화 원리를 설명한다(이 책에서는 이를 약간 변형하여 설명하기로 한다).

어떤 결정을 내리면 그에 따라 일어날 수 있는 상황들이 몇

결정 (decisions)	상황 (circumstances)		
	C1	C2	C3
D1	-700달러	800달러	1200달러
D2	-800달러	700달러	1400달러
D3	500달러	600달러	800달러

가지 있는데, 그러한 결정을 내릴 수 있는 선택지가 또 몇 가

지 있다고 하자. 즉 내가 D1이라는 결정을 선택할 경우, C1이라는 상황이 일어난다고 한다면, 나는 700달러의 손실을 보게 될 것이다. 그러나 C2가 일어난다면, 나는 800달러의 이득을 보게 될 것이고, 정말 운이 좋아서 C3가 일어난다면, 나는 1200달러의 이득을 보게 될 것이다. 그리고 이러한 논리는 D2나 D3를 선택하는 경우에도 마찬가지로 적용된다고 하자. 그렇다면 이득(G)은 개인의 결정(D)과 상황(C)에 달려 있다. 따라서 G는 D와 C에 따라 변하는 것이며, 이를 수학적으로 표현하자면 $G=f(D, C)$와 같다.

당신이라면 D1, D2, D3 가운데 무엇을 선택하겠는가? '최소극대화' 원리에 따르면, D3를 선택해야 마땅하다. 왜 그런가 하면 D3를 선택해야만 최악의 상황이 일어나더라도 500달러의 이득은 확보하게 될 것이며, 이는 D1이나 D2를 선택할 때 일어날 수 있는 (700달러나 800달러를 잃게 되는) 최악의 상황보다는 확실히 더 낫기 때문이다.

원초적 입장에 있는 사람들은 모두 합리적인 개인들로서 그들의 선택권을 행사하는데, 이들은 또한 무지의 베일이 걷힌 이후 자신이 처할 수도 있는 최악의 상황이 다른 가능성들에 비해 그나마 가장 덜 피하고 싶은 것이 되게끔 보장하는 원리를 고를 것이다. 즉 내가 선택할 원리는, 무지의 베일이 걷히고 나서 내가 사회의 하층민이었던 것으로 밝혀지더라도 나에게 최선의 이익이 될 수 있는 원리인 것이다. 이와 유사한 논리로, 롤스는 원초적 입장에 놓인 사람들은 다음과 같은 두 가지 원리를 선택할 것이라고 한다.

첫번째 원리

사람은 저마다 평등하고 기본적인 자유를 최대한 포괄하는 전체 체계에 대한 평등한 권리를 가지되, 이러한 체계는 모든 사람을 위한 유사한 자유의 체계와 양립할 수 있는 것이어야 한다.

두번째 원리

(a) 정의로운 저축의 원리에 부합하면서 최소 수혜자들에게 최대의 이익이 됨과 동시에, (b) 공정하고 균등한 기회를 전제로 모든 사람에게 개방된 직책과 직위에 결부되는 사회적·경제적 불평등은 용납될 수 있다.[54]

롤스에 따르면, 첫번째 원리가 두번째 원리보다 '축차적 우선성(lexical priority)'을 가진다. 달리 말하자면, 원초적 입장에 있는 사람들은 평등보다는 자유를 우선시한다는 뜻이다. 어째서 그럴까? 앞서 설명한 바와 같이, 원초적 입장에서는 모두가 '최소극대화' 전략을 취하기 때문이다. 즉 무지의 베일이 걷히고 나면 자신이 사회의 극빈층에 속할 수도 있는데, 이러한 경우에 자신에게 아무런 자유가 없는 상황을 원하는 사람은 없기 때문이다.

　마찬가지로, 누구나 '차등의 원리(difference principle)'로 불리는, 두번째 원리의 (a) 부분을 선택하게 되어 있다. 차등의 원리에 따르면, 누구라도 최악의 경우에는 '최소 수혜자'에 속할 수 있고, 이렇게 최소 수혜자에 속하게 된 사람들은 바로 이 원리를 통해 혜택을 받을 수 있게 된다. (완전한 평등이나 일정한 형태의 심화된 불평등보다는) 차등의 원리를 선택하는 것이 어느 면에서 보나 합리적일 것이다. 더욱 궁핍해질 위험이나 형편이 나아질 가능성이 줄어들 위험을 배제할 수 있기 때문이다. 그리고 사람들은 평등보다 자유를 중시하는 사회에서 자신의 형편을 개선하기에 더 나은 조건을 가지게 될 것이다. 왜 그럴까? 자유를 보장하는 사회에서는 (롤스가 정의한 바에 따르면, 특히 자존감을 비롯하여 권리, 자유, 권력, 기회, 소득, 부 등을 아우르는) '사회적 기본 가치'를 다양하게 확보할 가능성이 높아지기 때문이다.

　롤스에 따르면, 원초적 입장에 있는 사람들은 차등의 원리를 선택할 것이다. 왜 그런가 하면 무지의 베일이 걷히고 자신이 최소 수혜자에 속하는 것으로 드러났을 때 차등의 원리와 경쟁 관계에 있는 ('자연적 자유의 체계'와 '공정하고 균등한 기회'라는 이념이라는) 원리들로는 형편이 더 나아질 가능성을 확보할 수 없기 때문이다. '자연적 자유의 체계(system of natural liberty)'는 부의 분배와는 아무런 상관이 없고 정부의 개입도 이루어지지 않는 자유 시장 경제에 해당한다. 롤스는, 원초적 입장에 있는 사람들은 '자연적 자유의 체계'를 선택할 리 없다고 생각한다. 왜냐하면 '자연적 자유의 체계'에서는 "도덕적 관점에서 볼 때 (…) 너무나 자의적인 요소들이 분배의 몫에 부적절한 영향을 끼칠 수 있기 때문이다."[55] 원초적 입장에 있는 사람들은 부잣집에서 태어나는 우연을 도덕과는 무관한 일로 여길 것이다.

롤스에 따르면, 원초적 입장에 있는 사람들이 '공정하고 균등한 기회(fair equality of opportunity)'라는 이념을 받아들일 리도 없다. '공정하고 균등한 기회'가 '자연적 자유의 체계'보다는 분명히 더 바람직할지라도 말이다. '공정하고 균등한 기회'가 타고난 재능과 이를 활용하는 데에는 좋은 토대를 제공하지만, '자연적 자유의 체계'와 비슷한 문제를 드러낸다. 즉 '공정하고 균등한 기회'는 개인의 재능을 도덕과 결부시키는데, 그러한 재능을 타고나는 일도 부잣집에서 태어나는 일만큼이나 우연에 내맡겨진 것이다. 타고난 재능이건 돈 많은 부모이건, 출생이라는 우연한 사건은 응분의 몫과는 아무런 상관이 없다. 반면에, 원초적 입장에 있는 사람들이 차등의 원리를 선택하게 되면, 최소 수혜자들의 재산이 늘어나지 않고서는 타고난 재능을 가진 이들의 재산도 늘어날 수 없다는 점이 확실해진다.

롤스가 말하는 정의의 두번째 원리는 최소 수혜자들의 이익을 확보하기 위한 두 가지 중요한 제한이 들어 있다는 점에 주목할 필요가 있다. 첫번째 제한으로, 롤스는 '정의로운 저축의 원리(just savings principle)'를 도입한다. 이 원리로 인해 원초적 입장에 있는 사람들은 무지의 베일이 걷힌 후 이들이 속하게 될 사회의 발전 수준마다 얼마만큼씩 저축할 의향이 있을지를 생각해보게 된다. 여기서는 다른 세대도 모두 동일한 비율만큼 저축하리라는 점이 전제된다. 원초적 입장에 있는 사람들은 무지의 베일이 걷힌 후 자신들이 속할 사회가 어느 정도 수준의 문명을 지니고 있을지를 전혀 알지 못한다는 점을 떠올려보자. 결과적으로 원초적 입장에 있는 사람들은 미래 세대를 위해서 자신들이 가진 자원을 일정 정도 아끼려고 할 것이다. 두번째 제한은, 취업의 문은 누구에게나 열려 있어야 한다는 사실과 관련된다.

롤스는 굉장히 어렵지만 그만큼 의미 있는 길을 가고자 했다. 많은 학자들이 롤스의 학문적 기획에 동조하고 경의를 표했다. 그러나 당연히 롤스의 이론이 가지는 몇 가지 특성에 대해 의구심을 가지는 이들도 있었다. 가령, 사회적 가치가 일정한 패턴을 가지고 분배된다는 생각 자체에 반대하는 이들이 있다. 또한 '원초적 입장'이 너무 인위적인 상황인데다(사람들이 각자가 지닌 가치를 완전히 박탈당한 상태라는 것이 당최 가능하기나 한가?), 롤스 자신이 미리 상정한 결론을 도출하기 위해 필요한 전제에 지나지 않는다는 비판도 있다(평등보다 자유를 꼭 우선시해야 할 이유가 있는가?).

롤스가 1993년에 출간한『정치적 자유주의Political Liberalism』[56]는 이러한 비판에 대한 응답에 해당한다. 롤스는 이 책을 통해 기존의 생각을 다듬고 고쳤다.『정치적 자유주의』에 기록된 수많은 이론적 공방을 여기에 모두 담아낼 수는 없다. 그러나 한 가지는 분명히 짚고 넘어가고자 한다. 이 책을 통해 많은 이들이 오해했던 부분이 명확히 드러났다는 사실 말이다. 즉 롤스의 해명에 따르면, '공정으로서의 정의'는 사회적 정의의 보편적인 기준을 수립하기 위한 개념이 아니다. 롤스의 정의론은 현대 입헌 민주국가에 관한 실천적 이론에 해당한다. 다시 말해, 롤스는 정의를 (형이상학적 개념이 아니라) 정치와 실천을 염두에 둔 개념, 즉 특정한 철학적 입장에 경도되지 않음으로써 철학적 논쟁을 초월하는 개념으로 이해한다.

나아가 롤스는 '중첩적 합의(overlapping consensus)'라는 개념을 제시했고, 이를 추구하기 위해 자신이 제시한 정의의 원리들을 여러 이익과 가치가 서로 충돌하는 다원주의적이고 민주적인 공동체의 구성원들이 정치적 합의를 이룰 수 있는 조건으로 상정했다. 롤스의 정치적 자유주의에 따르면, 국가가 공동체의 구성원들이 공유하는 도덕적 신념이나 종교적 신조를 마련하는 경우에는 '중첩적 합의'가 가지는 의미가 퇴색될 수도 있다. 그렇지만 롤스는 공동체의 정의감이 국가의 공익에 대한 해석보다 우세할 것으로 본다.

제 5 장

법과 사회

이 책의 1장부터 4장까지는 규범적 법이론, 즉 법의 개념을 (말하자면) 법체계 내부의 관점에서 설명하려는 노력을 중점적으로 다루었다. 다시 말해, 규범적 법이론은 법리(legal doctrine)를 중심으로 전개되며, 법관을 비롯한 법률가들이 실무에서 사용하는 규칙, 개념, 원리와 같은 법적 구성들(legal constructs) 사이의 관계에 주안점을 두고 있다. 그러나 규범적 법이론이 법을 연구하는 유일한 방식은 아니다. 즉 법리나 법적 구성이 기능하는 사회적 맥락이나 조건에 주목함으로써 법적 현상의 본질에 다가서려는 방식도 가능한 것이다. 법철학은 이러한 사회학적 방법에 지대한 영향을 받아왔지만, 이러한 사실을 잘 모르는 사람이 많다.

예를 들어보자. 허버트 하트에 따르면, 공직자들은 승인규칙을 '내적 관점에서' 받아들여야 하며, 일정한 행동 양식에 대해 '비판하고 반성하는 태도'가 공동의 기준으로서 존재해야 한다(2장 참조). 그런데 이러한 하트의 생각은 사회학자 막스 베버가 제시한 '내적 정당화(internal legitimation)'라는 개념의 영향을 받은 것이다(아래 참조).

법에 대한 사회학적 접근은 다음과 같은 세 가지 상호 밀접한 주장들을 전제로 이루어지곤 한다. 첫째, 법을 '사회적 현상(social phenomenon)'이 아닌 다른 무엇으로 이해할 수는 없다. 둘째, 법적 개념들을 아무리 분석한다 한들〔법전 속의 법 law in books과는 구별되는—옮긴이〕'실제 속의 법(law in action)'을 온전히 설명할 수 없다. 셋째, 법은 달리 특별한 무엇이 아니라 '사회 통제(social control)'의 일환일 따름이다.

법사회학의 선구자들로 로스코 파운드(Roscoe Pound, 1870~1964)와 오이겐 에를리히(Eugen Ehrlich, 1862~1922)를 꼽을 수도 있겠지만, 이 장에서는 법사회학의 두 거장인 에밀 뒤르켐과 막스 베버에 집중하고자 한다. 이는 뒤르켐과 베버가 법철학에 끼친 심대한 영향을 고려한 결정이다. 이어서 카를 마르크스가 법과 법체계에 관한 사유에 일으킨 파문에 대해서도 살피고자 한다. 끝으로, 현대 법철학에 계속해서 지대한 영향을 끼치고 있는 위르겐 하버마스와 미셸 푸코의 사회

이론에 대해서도 언급하겠다.

에밀 뒤르켐

에밀 뒤르켐(Émile Durkheim, 1858~1917)이 몰두했던 주제들 가운데 하나는 다음과 같다. 사회는 어떻게 해체되지 않고 유지될 수 있는가? 뒤르켐은 이에 대한 대답으로 사회적 응집력을 촉진하고 유지하는 데 법이 핵심적인 역할을 맡고 있다는 사실을 제시했다. 나아가 뒤르켐은, 사회가 종교의 힘이 퇴색하고 집단의 이익보다는 개인의 이익을 중시하는 방향으로 진보함에 따라 법의 주안점이 형벌(punishment)보다는 배상(compensation)에 놓이게 되는 과정을 설명했다. 그렇지만 형벌을 통해 집단의 도덕적 태도가 표명되는 것이고, 형벌이 이처럼 중요한 역할을 하기 때문에 사회적 연대(social solidarity)가 지속된다고 한다.

뒤르켐은 사회적 연대를 기계적 연대(mechanical solidarity)와 유기적 연대(organic solidarity)로 구별한다. 기계적 연대는 단순하고 동질적인 사회에서 찾아볼 수 있다. 이러한 사회에서는 가치가 획일화되어 있고 분업이 제대로 이루어져 있지 않으며, 사회가 복잡하지 않다보니 자연스레 개인의 이익보다는 집단의 이익이 훨씬 중시된다. 그러나 사회가 진보하면서 분업, 즉 고도의 상호 의존성이 나타나게 된다. 사회 내에서 분화가 상당히 촉진되며, 개인의 이익이 집단의 이익보다 중시되는 경향이 두드러지게 된다. 뒤르켐에 따르면, 이러한 형태의 사회적 연대가 법에 반영된다. 따라서 법을 여러 가지 유형으로 분류해보면, 그에 상응하는 여러 가지 유형의 사회적 연대를 확인하게 된다고 한다.

뒤르켐에 의하면, 범죄는 사회적 생활의 더없이 정상적인 측면에 해당한다. 뒤르켐은 도발적인 주장을 계속해서 이어나가는데, 바로 범죄가 없이는 그 어떤 사회도 정상적인 사회일 수가 없다는 것이다. 뒤르켐은, 그 이유를 범죄가 '집단의식(collective conscience)'을 통해 표현되는 사회적 가치들과 밀접한 관련을 맺는다는 점에서 찾는다. 즉 어떤 행위가 범죄가 되는 까닭은, 그러한 행위가 이러한 집단의식 깊숙이 자리잡은 측면들과 어긋나기 때문이라는 것이다. 다시 말해, 특정 행위가 범죄이기 때문에 집단의식을 건드렸다고 하기보다는, 그러한 행위가 집단의식을 건드렸기 때문에 범죄가 된다는 논리이다.

형벌은 뒤르켐이 이해하는 범죄의 핵심 요소에 해당한다. 즉 국가는 국가를 거스르는 자에게 형벌을 부과함으로써 집단의식을 공고히 한다는 것이다. 뒤르켐은 형벌을 "사회가 특정한 행위 규범을 위반한 사회 구성원에 대응하여 작동하는

11. 원시사회에서는 화형(火刑)과 같은 잔혹한 형벌이 부과되었다. 뒤르켐에 따르면, 사회가 진보하면서 형벌은 덜 잔혹한 방식으로 집행된다. © Stapleton Collection/Corbis

조직을 매개로 경중을 나누어 부과하는 강렬한 반작용"[57]으로 정의한다.

뒤르켐은 더 나아가 사회 통제의 일환인 형벌이 미개한 사회에서 더욱 강력한 형태로 부과되는 까닭을 설명했다. 사회가 진보를 거듭할수록, 형벌이 덜 폭력적이고 덜 가혹한 방식으로 집행된다는 것이다(그림 11 참조). 다른 한편, 형벌은 범죄에 의해 유발되는 것이므로, 뒤르켐은 범죄의 진화와 사회적 연대의 유형들 사이에 중요한 상호 관련성이 있다는 점을 밝혀냈다.

막스 베버

독일의 사회학자 막스 베버(Max Weber, 1864~1920)는 법학 전공자이기도 하다. 베버의 일반 사회학 이론에서 법은 중추적 역할을 한다. 베버는 법에 대한 관념들을 기준으로 법을 몇 가지 유형으로 나누었는데, 그 핵심 기준은 '합리성(rationality)'이다. 이를 토대로 베버는 법을 '형식적(formal)' 법과 '실질적(substantive)' 법으로 구분한다. 해당 법이 얼마나 '내적으로 자족적(internally self-sufficient)'인지에 따라 어느 유형에 속하는지가 정해진다. 베버에 따르면, 내적으로 자족적인 법이란 어떤 결정을 내리기 위해서 필요한 규칙과 절차를 그 내부에서 쉽게 확인할 수 있는 체계를 이르며, 그러한 속성을 지닌 법이 곧 형식적 법이다.

베버는 법을 '합리적(rational)' 법과 '비합리적(irrational)' 법으로 구별하기도 한다. 이 역시 중요한 구별로, 베버는 '합리성'과 '비합리성'이라는 용어를 가지고 법체계 내에서 (규칙이나 절차와 같은) 소재들이 적용되는 방식을 설명한다. 그러므로 가장 높은 수준의 합리성에 도달한 법체계에서는

> 분석을 통해 도출되는 모든 법적 명제들이 하나로 통합되어 있다. 이렇게 통합된 법적 명제들은 논리적으로 명확하고 내적으로 일관되며 (적어도 이론적으로는) 아무런 흠결이 없는, 규칙들의 체계를 형성한다. 그러한즉 이러한 규칙들의 체계는 일어날 수 있는 모든 사실적 상황들에 논리적으로 적용 가능한 것이어야 한다. [58]

베버의 이론은 상당히 복잡한데, 여기서는 다음과 같은 두 가지 (서로 관련되는) 핵심 요소, 즉 서구 사회에서 자본주의가 발전하는 과정을 해명하고자 하는 작업과 정당한 지배라는 개념을 간략히 검토하고자 한다.

먼저, 서구 사회에서의 자본주의의 발전이라는 문제를 살펴보자. 베버는 경제적 상황은 법에 대해 그저 간접적인 영향

밖에 미칠 수 없다는 점을 밝히고자 했다. 베버는, 법을 '상대적 자율성(relative autonomy)'을 가진 체계로 파악하면서, "일반적으로 (…) 경제적 요소들이 법적 구조의 발전을 결정짓는 주된 요인이었던 적은 한 번도 없었던 것으로 보인다"[59]라고 주장한다. 베버가 보기에, 법은 경제적 요소들과 **근본적인 관련을 맺기는** 하지만, 그렇다고 해서 법이 경제적 요소들에 **의해 결정되는** 체계는 아닌 것이다. ('영리 행위'나 '예산 관리'와 같은) 합리적인 경제 활동은 자본주의 체제의 핵심에 해당하는데, 이러한 합리주의는 논리적으로 '형식적 합리성을 갖춘 법(formal rational law)'이 제공하는 안정성과 예측 가능성에 의해 촉진된다. 즉 형식적 합리성을 갖춘 법이 없으면 자본주의가 발전할 수 없는 것은 아닐지라도, 형식적 합리성을 갖춘 법이 있으면 자본주의가 훨씬 수월하게 발전할 수 있다는 것이다.

베버에 따르면, 형식적 합리성을 갖춘 법은 기업 하는 사람들이 영리를 목적으로 하는 사업을 추진하는 데 없어서는 안 되는 안정성과 예측 가능성을 제공하기 때문에, 자본주의의 전제 조건들 가운데 하나에 해당한다. 이러한 형식적 합리성은 법질서의 체계화(systematization)를 전제로 도달할 수 있다. 그런데 베버는, 영국의 법질서에서는 이러한 체계화를 전혀 찾아볼 수 없다고 한다.

그렇다면 바로 영국에서 자본주의가 태동했다는 사실은 어떻게 설명할 수 있을까? 수많은 사회학자들이 이 문제와 씨름했다. 베버는 이렇게 모순처럼 보이는 상황을 세 가지 논거를 통해 해명할 수 있다고 한다. 첫째, 영국법이 (비록 로마법과 같은 체계적인 법질서를 갖추고 있지는 못하더라도) 상당히 형식주의적인 법체계에 해당한다는 점은 명백하다. 사실, 베버는 (예컨대 영장writ에 관한 치밀하고도 까다로운 절차를 밟아야만 민사소송을 개시할 수 있는) 영국법의 형식주의는 '비합리적'이라고 규정했었다. 그러나 베버에 따르면, 바로 이러한 형식주의야말로 영국의 법체계를 안정화한 요인이었으며, 시장 경제에서 더 높은 수준의 안정성과 예측 가능성이 창출된 계기가 되었다.

둘째, 자본주의 태동기의 영국에서는 법률가들 상당수가 런던, 특히 '시티(City)'라고 불리는 중심 상업 지구로 몰려들었다. 그뿐만 아니라, 법률가들이 사업가와 기업체의 의뢰를 받아 법률 자문을 제공하는 일이 빈번했다. 그러다보니 법률가들은 의뢰인이 수익을 올릴 수 있도록 법을 조정해나갔다.

셋째, 유럽 대륙의 국가들과는 달리, 영국의 법조계는 마치 수공업 길드처럼 법률 지식, 실무 능력, 전문성을 배양시켰고, 이를 통해 법을 형식주의적으로 다루게 되었다. 선례에 구속되어 판단을 내리는 방식이 대표적인 예이다. 베버에 따르면, 바로 이러한 방식으로 인해 로마법에서 찾아볼 수 있는 "예방법학(cautelary jurisprudence)"이 영국에서도 출현하게 되었다. 이로써 장래의 법적 분쟁을 예방하기 위해 계약서를 작성하거나 기존의 계약서에 새로운 조항을 추가하는 일의 중요성이 부각되었다.[60] 그 결과 법률가와 (주로 상업에 종사하는) 의뢰인 사이에 긴밀한 관계가 구축되었다. 즉 이러한 특성을 띤 법실무에 의해, 체계화되지 못한 영국법의 결함이 상쇄되었던 것이다.

베버의 생각은 다음과 같이 정리해볼 수 있을 것이다. 즉 영국법이 체계화되지는 못했어도 영국법을 구성하는 다른 요소들로 인하여 영국에서 자본주의 경제 체제가 발전할 수 있었으며, 만약 영국법이 더욱 합리적이고 체계적이었다면 영국의 자본주의는 훨씬 더 빠르고 효율적으로 발전할 수 있었다는 것이다.

"극도로 형식적인 법과 법적 절차를 필요로 하는 자본주의(capitalism)"와 "법전의 편찬과 동질적인 법에 대한 수요로 이어진, 절대주의 국가의 관료들의 합리주의(rationalism)"에 의해 서구 사회에 법의 형식적 합리성이 자리잡게 되었다는 것이 베버의 기본 입장이다.[61] 베버는 이러한 현상을 경제학의 관점에서 설명하려 하지 않았고, (앞서 살펴본 바와 같이) 개념적으로 체계화된 합리적인 법을 운용할 수 있는 기틀을 마련한 발전, 특히 관료주의의 발전을 일으킨 몇 가지 요인을 규명해냈다.

잘 알려져 있다시피, 사람들이 법을 준수해야 한다고 생각하는 이유를 설명하기 위해 베버는 세 가지 유형의 정당한 지배(legitimate domination)를 제시한다. 첫째, **전통적** 지배(traditional domination)는 "아주 오래전부터 이어져 내려온 규칙과 권력의 신성함을 통해 정당화된다고 여겨진다." 둘째, **카리스마적** 지배(charismatic domination)는 "한 개인의 아주 신성한 일에 대한 헌신, 엄청난 용기, 본받을 만한 성품"에 기초한다. 셋째, **법적-합리적** 지배(legal-rational domination)는 "제정된 규칙의 합법성 및 그러한 규칙에 따라 권위를 갖게 된 자들의 명령권에 대한 믿음"에 의존한다.[62] 물론 이 세번째 유형이 베버가 설명하는 법의 핵심 특성에 해당한다. 그리고 법적-합리적 권위라는 개념이 (법을 연구하는 사회학자는 법에 대해 일정한 거리를 유지함으로써 객관적인 관점을 확보한다는 점을 입증하는) 베버의 가치론과 밀접한 연관을 맺고 있기는 하지만, 여기서 중요한 점은 법적-합리적 지배와 현대 관료제 국가가 상호 관련을 맺는다는 것이다.

전통적 지배나 카리스마적 지배에서는 권위가 **사람**에 속하지만, 관료제에서는 권위가 **규칙**에 속한다. 법적-합리적 권위의 특성은 이른바 공평(impartiality)이다. 그런데 이러한 공평은 베버가 "형식주의적 비개인성(formalistic impersonality)"

원리라고 부르는 것에 기초한다. 즉 공직자들은 자신의 직무를 수행할 때 "증오나 애착, 애정이나 열정을 배제한다. 지배적 규범은 특정한 개인을 고려하지 않는 단순한 의무를 상정한다."[63] 베버의 법사회학이 중요한 이유는 다양한 유형론들의 상호 관계를 다루기 때문이다. 예컨대, 법적-합리적 지배를 받는 사회에서는 법에 대한 여러 유형의 관념들 가운데 논리적-형식적 합리성이 법의 속성으로 파악된다. 즉 이러한 사회에서는 사법 제도와 재판 절차는 모두 합리성을 띠고, 지배에 대한 복종은 법질서가 존재하기에 가능하며, 행정은 관료주의적이고 전문적인 형식을 취한다.

또다른 예로서, 카리스마 있는 지도자가 지배하는 사회에서는 형식적-실질적 비합리성이 법의 속성으로 이해되고, 사법 제도는 카리스마와 관련되며, 복종이란 카리스마 있는 지도자에 대한 응답이다. 특히 카리스마 있는 지도자가 완전히 지배하는 사회에서는 행정이라 할 만한 것이 존재하지 않는다.

베버는 법사회학의 거장으로 널리 인정받아왔다. 그러나 그의 이론에 대해서도 수많은 문제점이 지적되고 있다. 특히 앞서 간략히 살펴본 두 가지 이론에 대한 비판이 심심찮게 제기되고 있다. 예를 들어, 베버가 주안점을 두었던, 형식이나 법과 같은 현상만으로는 지배의 복잡한 과정을 온전히 설명할 수 없다는 비판이 있다. 그리고 영국에서 자본주의가 태동하는 과정에 대한 베버의 설명이 그다지 설득력이 없다고 생각하는 이들도 있다.

카를 마르크스

카를 마르크스(Karl Marx, 1818~83)와 프리드리히 엥겔스(Friedrich Engels, 1820~95)는 법에 대한 포괄적인 설명을 제시하거나 체계적인 저술을 남긴 적은 없지만, 이들의 사회 이론을 들여다보면 법과 경제(와 같은 물질적 조건)의 관계에 관한 고찰을 적잖이 확인할 수 있다. 마르크스와 엥겔스에 따르면, 법은 경제적 요소들에 비해 열등한 지위를 가신다. 즉 법은 (문화나 정치를 비롯한 여러 현상들과 같이) 사회의 상부구조(superstructure)에 속할 뿐이며, 해당 사회의 물질적 조건들에 의해 결정된다.

마르크스주의자들이 법에 관해 서술할 때에는 토대와 상부구조의 관계 및 법의 지위에 대한 다음과 같은 두 가지 입장 가운데 하나를 채택한다. 첫째, 법은 경제적 토대를 '반영'할 따름이므로, 법적 규칙의 형식과 내용은 지배적인 생산 양식과 일치한다는 생각이다. 사람들은 이러한 입장을 '조야한 유물론(crude materialism)'이라고 불러왔다. 이러한 입장에 대해서는 법이 경제적 토대를 반영하는 방식을 너무 단순화하고 비논리적으로 설명했다는 평가가 일반적이다. 둘째, 법은 지배계급의 의지를 직접적으로 표현할 뿐이라는 생각이다. 이러한 입장은 '계급 도구주의(class instrumentalism)'로 알려져 있다. 그러나 이는 지배계급이 실제로 하나로 통합된 '의지'를 가지고 이를 의식하고 있다는 주장을 깔고 있다는 점에서 설득력이 떨어진다.

마르크스의 이론은 역사법칙주의(historicism)에 기초한다. 즉 마르크스는 멈출 수 없는 역사의 힘을 통해 사회의 진화를 설명한다. 마르크스와 엥겔스는 그 유명한 '변증법적 유물론(dialectical materialism)'을 제시함으로써 헤겔의 이론인 '역사 변증법'을 대체했다. '변증법적 유물론'이 '유물론'인 까닭은, 마르크스와 엥겔스가 생산 수단이 물질에 의해 결정된다고 주장하기 때문이다. 또 '변증법적 유물론'이 '변증법적'인 이유 가운데에는, 마르크스와 엥겔스가 (생산 수단을 가진) 부르주아 계급과 (생산 수단을 가지지 못해 자신의 노동력을 팔아야 하는) 프롤레타리아 계급 사이의 적대감이 낳는 충돌이 일어날 수밖에 없을 것으로 예측했다는 점이 있다. 즉 개인의 소유권과 국가의 개입이 없는 경쟁에 기초한 부르주아지의 생산양식은 공장 노동자들의 노동력 생산이 가지는 비개인주의적이고 사회적인 성격과 점차 모순을 일으키게 되고, 결국 혁명으로 이어지게 된다는 것이다. 마르크스와 엥겔스에 따르면, 프롤레타리아 계급은 혁명을 통해 생산 수단을 장악함으로써 '프롤레타리아트 독재'를 수립하게 된다. 그리고 이러한 상태는 시간이 지나 계급이 없는 공산주의 사회로 대체될 것이며, 공산주의가 도래한 궁극의 상태에서는 법이 불필요할 것이라고 한다.

마르크스에 따르면, 법의 이데올로기적 기능이 중요하다. 개인은 자신이 처한 곤경에 대한 의식을 발전시켜나간다. 마르크스의 유명한 구절 가운데 하나는 다음과 같다. "인간의 존재를 결정하는 것은 인간의 의식이 아니다. 오히려 그 반대이다. 인간의 사회적 존재가 인간의 의식을 결정한다."[64] 달리 말해, 우리의 생각은 자의나 우연의 소산이 아니라, 경제적 조건의 결과인 것이다. 사람은 생산관계(productive relations)에 대한 사회적 경험을 통해 지식을 얻는다. 이를 통해 법이 사회 질서를 유지하는 방식에 대해 어느 정도 설명할 수 있으며, 이러한 맥락에서 사회 질서는 ('의지가 하나로 결집된 욕망'이 아닌 '자연의 이치'와 관련된 문제로서) 지배계급의 이익을 나타낸다.

이러한 '지배 이데올로기'는 다양한 사회 제도를 통해 암묵적으로 자연의 이치라고 여겨진다. 즉 이러한 지배적 가치 체계가 (교육, 문화, 정치, 법의 측면에서) 널리 받아들여지도록 보장하는 '이데올로기적 헤게모니'는 사회 제도들을 통해 구축

된다. 이러한 설명은 이탈리아의 마르크스주의자 안토니오 그람시(Antonio Gramsci, 1891~1937)가 쓴 옥중 수기에서 처음 확인되며, 이후 프랑스의 마르크스주의자 루이 알튀세르(Louis Althusser, 1918~90)에 의해 아주 정교한 수준으로 발전되었다.

하지만 마르크스주의자들이 법을 유물론의 관점에서 설명하는 일이 난관에 부딪힐 때가 있다. 바로 국가가 노동자 계급의 삶의 질을 높이는 개혁적 법률을 제정하는 경우이다. 이러한 법률도 지배 이데올로기나 지배계급의 이익을 나타낸다고 할 수 있다는 말인가? 이에 대해 마르크스주의자들이 내놓는 대답은, 국가는 '상대적 자율성(relative autonomy)'을 띤다는 것이다. 이들에 따르면, 자본주의 국가라고 해서 지배계급의 이익을 위해 권력을 무한히 행사할 수는 없고, 사회적 세력들에 의해 제약을 받는다. 그러나 자본주의 국가는 자본주의적 생산 양식에 대해 근본적인 이의를 제기하는 일을 용납하지 않을 것이다. 즉 마르크스와 엥겔스에 따르면, 자본주의 국가란 알고 보면 "부르주아지 전체의 공동 사업을 관장하는 위원회"[65]에 불과한 것이다.

마르크스에 따르면, 법은 계급을 억압하는 수단이므로, 계급 없는 사회에서는 법이 필요 없다. 이러한 생각은 마르크스의 초기 저작에서 처음 등장했으며, 이후 블라디미르 레닌

(Vladimir Lenin, 1870~1924)의 글에서도 확인할 수 있다. 레닌은 마르크스의 생각을 더욱 정교하게 가다듬어 다음과 같이 주장한다. 즉 프롤레타리아 혁명이 일어난 후에는 부르주아지 국가는 괴멸되어 프롤레타리아트 독재국가로 대체될 것이다. 혁명에 대한 반동적 저항이 극복되고 난 이후의 사회에서는 국가와 법은 더이상 필요 없게 될 것이다. 그리하여 국가와 법은 저절로 '말라죽고' 말 것이다.

이러한 예측은 '법'과 '프롤레타리아트에 대한 강제적 억압'을 별다른 논증 없이 동일시해버렸다는 점에서 문제가 있다. 즉 법의 상당 부분은 프롤레타리아트에 대한 강제적 억압이 아닌 다른 기능을 맡고 있다는 사실, 그리고 심지어 (아니 특히) 공산주의 사회에서도 경제를 계획하고 규제하기 위해서는 법이 필요하다는 사실을 간과한 것이다. 이러한 것들이 '법'이 아니라는 주장은 도리어 의심을 사게 된다.

마르크스의 법이론에서 법은 특별한 존재가 아니라는 점에도 주목할 필요가 있다. 역사 유물론(historical materialism)의 핵심을 한마디로 추려보자면, 법은 '어떤 특정한 종류의 사회에서 나온 결과'이지만 사회는 법에서 나온 결과가 아니다. 미국의 정치학자 아이작 발버스(Isaac D. Balbus, 1944~)에 따르면, '법적 물신주의(legal fetishism)'란 "사람들 각자가 법이 있기에 자신이 존재하는 것이지, 그 반대는 아니라고 믿고 있는"[66] 상태를 일컫는다. 물신주의의 유형 가운데 상품을 대상으로 하는 상품 물신주의가 있는 것과 마찬가지로, 법을 대상으로 삼는 법적 물신주의도 있다는 것이다. 법적 물신주의로 인해 법적 주체들은 법체계의 힘이 어디서 나오는지를 잘 알수 없게 되고, 법체계가 마치 스스로 살아 움직이기라도 하는 듯한 인상을 받게 된다. 마르크스주의자들은 대부분 법적 물신주의를 일축해버린다. 법이 다른 현상들과 뚜렷이 구별되어 인식되는 특별한 현상이며, 법에는 특유하고 자율적인 형식의 추론과 사유가 통용된다는 식의 생각에 동의하지 않기 때문이다.

마찬가지로, 마르크스주의자들은 정의(justice)도 거부한다. 이들이 보기에는 정의라는 개념도 결국에는 물질적 조건들에 의해 상당 부분 좌우되기 때문이다. 또 마르크스주의자들은 법의 지배(rule of law)라는 이상, 즉 법이 자유를 보장하기 위한 중립적 기구라는 생각까지도 물리친다. 법의 지배를 옹호한다는 것은, 법을 정치적 갈등을 초월하고 특정한 집단이나 계급의 지배로부터 동떨어져 감정에 휘둘리지 않는 중재자로 이해하는 것이나 다름없기 때문이다. 마르크스주의자들은 이처럼 사회를 '합의(consensus)'라는 틀로 이해하려는 태도에 단호히 반대한다.

사회를 '합의'라는 관점에서 설명할지, '갈등'이라는 관점에서 설명할지를 선택하는 일은 사회를 이해할 때 중요한 분기점이 된다. 앞에서 살펴본 법철학자들은 대부분 명시적이지는 않더라도 합의라는 관점을 채택하고 있으며, 사회를 본질적으로 단일한 존재로 이해한다. 즉 입법부는 공동의 의지를 대변하고, 행정부는 공동의 이익을 위해 일하며, 법은 중립적인 중재자로서 '누군가에 대한 두려움이나 치우침 없이 (without fear or favour)' 공동선을 위해 집행된다는 것이다. 그러한 사회에서는 가치나 이익에 대한 근본적인 갈등이란 존재하지 않는다. 빅토리아가 계약을 위반한 데이비드를 상대로 손해배상 청구의 소를 제기하는 경우와 같이, 갈등은 그저 개인들 사이에서나 일어날 따름이다.

그러나 다른 한편에는 사회를 '갈등'의 틀로 바라보는 이들이 있다. 이들은 사회가 서로 대립하는 두 진영, 즉 가진 자들과 가지지 못한 자들로 나뉜다고 이해한다. 갈등이 불가피하다는 것이다. 이들은 각자가 처한 상황은 바로 그 사회의 구조를 통해 규정되며, 누구나 두 진영 가운데 어느 한쪽에 속하게 된다고 본다. 이러한 관점에서 보면, 법은 결코 중립적인 중재자가 아니며, 오히려 법의 실체는 지배 집단이 사회에서 우위를 유지하기 위한 수단이다.

인권에 대해서는 어떠한가? 이 책의 4장에서 살펴보았듯이, 인권의 중요성은 날로 커지고 있다. 사회주의자들은 대부분 개인의 권리(와 이러한 권리가 내포하는 이기적이고 자기중심적인 태도)야말로 마르크스주의라는 공동체주의 철학과는 양립할 수 없다고 생각한다. 그러므로 사회주의자들은 권리라는 개념과 용어를 명시적으로 거부한다(다만 권리를 사용함으로써 단시간에 전략적 목표를 달성할 수 있는 경우에는 예외적으로 인정한다). 사회주의자들이 보기에, 권리에 대해 아무리 이러쿵저러쿵 떠들어본들 사회가 바뀌지는 않는다.

그러나 마르크스의 초기 저작을 들여다보면, 마르크스는 정치적 혁명을 통해 시민사회(civil society)와 국가(state)의 경계가 허물어질 것이라고 주장한다. 오로지 민주적 참여를 통해서만 사람들이 국가로부터 소외되는 현상에 종지부를 찍을 수 있다는 것이다. 그러므로 마르크스가 생각하는 사회주의적 권리, 즉 사회주의 체제하의 권리는 자본주의 사회의 특성, 다시 말해 자본주의가 만들어낸 착취(exploitation)와 소외(alienation)에 대한 마르크스의 날카로운 비판에서 기인한다.

마르크스는 '시민의 권리(rights of citizens)'와 '인간의 권리(rights of man)'를 구별한다. 시민의 권리는 다른 사람들과 함께 행사하는 정치적 권리로서 공동체에 대한 참여를 전제한다. 반면에 인간의 권리는 다른 사람들로부터 떨어져 행사하는 개인적 권리로서 공동체로부터 벗어나는 일과 관련된다. 마르크스에 따르면 "인간의 권리라고 불리는 것들은 이기적인 인간, (…) 즉 마음을 닫고 홀로 틀어박힌 개인, 그러한 개인의 사적 이익과 사적 욕망을 넘어서지 못한다." 이어서 마르크스는 아주 명료한 문장을 하나 덧붙인다. "자유에 대한 인간의 권리를 실제로 적용해보면 사유 재산에 대한 인간의 권리가 되고 만다."[67]

마르크스가 (법 앞의 평등, 안전, 소유권, 자유와 같은) '인간의 권리'가 중요하지 않다고 말한 적이 없으며, 그보다는 이러한 인간의 권리가 자본주의적 생산관계에 기초한 사회에 만연해 있다는 점을 지적하고자 했다는 주장이 제기된 바 있다. 그러나 이러한 주장은 별로 설득력이 없다. 왜 그런가 하면 마르크스는 인간의 권리가 독자적인 의미를 지니지 못한다는 점을 밝히고자 했기 때문이다.

마르크스주의자들은 대부분 자본주의로 인해 진정한 개인의 자유가 파괴된다고 주장한다. 마르크스에 따르면, 물질적 세계가 인간적 요소를 압도하는 상황이 사유 재산을 통해 드러나기 때문이다. 이에 반해 공산주의는 인간적 요소가 물질적 세계보다 우위에 있음을 나타낸다고 한다. 마르크스는 사회적 관계가 사물 간의 관계라는 형식을 띠게 되는 과정을 설명하기 위해 '물화(物化, reification)'라는 개념을 사용했다. 마르크스가 보기에, 이러한 물화는 자본주의 사회에서 노동자가 자신이 생산한 상품으로부터 소외된다는 사정에서 기인한 혁명적 마르크스주의자들은 개인의 권리를 인정하지 않는데, 그 주된 이유로 자본주의적 경제가 개인의 권리를 통해 표출된다는 점, 계급이 없는 사회주의 사회에서는 개인의 권리가 필요 없게 되리라는 점을 든다. 이들에 따르면, 권리에는 다음과 같이 네 가지 문제가 있다.

권리의 법률주의(legalism)

권리로 인해 인간의 행위는 법률의 지배에 종속되고 만다.

권리의 억압성(coerciveness)

법은 억압의 도구이다. 그런데 권리는 자본의 이익을 보호하기 위해 존재하므로 부패한 것이다.

권리의 개인주의(individualism)

권리를 통해 보호되는 대상은 이기적이고 원자화된 개인들이다.

권리의 도덕주의(moralism)

권리의 근저에는 도덕과 이상향이 자리잡고 있으므로, 권리는 경제적 토대와는 무관한 것이다.

다. 즉 "노동의 일반적이고 사회적인 형태가 [화폐를 통해―옮긴이] 어떤 사물의 속성처럼 보이는 것"[68]이 문제이며, 물화는 '상품 물신주의'에서 비롯된다는 것이다. 마르크스에 따르면,

자본주의적 관계를 통해 개인의 자유가 보호되는 것처럼 보이지만, 법 앞의 평등이란 기실 사유 재산을 가진 자들 사이의 교환 관계가 띠는 형식적 속성일 따름이다.

그러나 일부 마르크스주의자들은 권리가 필연적으로 개인주의적 속성을 띤다는 의견은 너무 조야하다고 생각한다. 영국의 마르크스주의 역사학자 에드워드 파머 톰슨(Edward Palmer Thompson, 1924~93)은, 모든 법은 계급 지배를 위한 도구일 뿐이라거나 시민의 자유는 계급 지배의 현실을 호도하는 환상에 지나지 않는다는 마르크스주의자들의 비판에 동조하지 않는다. 톰슨에 따르면, 법은 계급 지배의 도구이기도 하지만, 계급들 사이에서나 그 내부에서 '매개의 형식(form of mediation)'을 취하기도 한다. 즉 법의 기능에는 권력과 재산을 지키는 것뿐만 아니라, "권력을 효과적으로 억제"하고 "지배 계급을 스스로 제정한 규칙에" 구속하는 것도 포함된다고 한다. 톰슨이 1975년에 출간한 『휘그파와 사냥꾼들Whigs and Hunters』을 잠시 읽어보자.

> (권력을 효과적으로 억제하고 전방위에 걸친 권력의 개입으로부터 시민을 보호하는) 법의 지배(rule of law) 자체는 확실히 인간에게 좋은 것으로 보인다. 이러한 가치를 부정하거나 경시하는 것은 (권력의 가용 자원과 개입 범위가 나날이 확대되는 이 위험한 20세기

에) 다른 데 정신이 팔려 심각한 오류를 저지르는 것이나 마찬가지이다. 더욱이, 법의 지배를 부정하거나 경시하는 사람들은, 그 자체로 나쁜 법률들과 특정 계급에 편향된 절차들에 대한 투쟁을 포기하고 권력에 대한 저항을 멈추게 되는 자기충족적 오류(self-fulfilling error)에 빠진 것이다. 즉 법의 지배를 부정하거나 경시하는 것은 (여러 유형의 법 내부에서 일어나는 투쟁은 물론) 법을 **둘러싼** 투쟁의 전통을 송두리째 내다 버리는 꼴이 되며, 그렇게 연속되는 투쟁에 단절이 일어난다면 사람들은 곧바로 위험에 처하게 된다.[69]

물론, 일부 마르크스주의자들은 법의 지배를 전면적으로 수용할 수 없다는 입장을 견지해왔다. 독재 정권에 대한 견제를 지지한다고 해서 마르크스주의자들이 법의 지배까지 무턱대고 찬양해야 하는 것은 아니라는 주장도 제기되었다.

소비에트 사회주의 공화국 연방과 동유럽에 위치한 그 위성국가들이 해체되고 중국의 사회주의가 국가자본주의(state capitalism)에 의해 쇠락의 길을 걷게 되자, 마르크스주의자들은 법에 관한 이론과 실천을 펼치는 데 심대한 타격을 받고 말았다.

위르겐 하버마스

현대 독일의 으뜸가는 지성으로 손꼽히는 위르겐 하버마스 (Jürgen Habermas, 1929~)는 독창적인 철학을 정립하고 예리한 사회 비판을 제시함으로써 세계적인 명성을 얻었다. 그러나 하버마스의 저술은 이해하기에 만만치 않다. 하버마스는 폭넓은 식견을 갖추고 문화, 정치, 경제에 대한 분석을 절묘하게 통합하기 때문이다. 예컨대 하버마스는, '도구적-기술관료적 의식(instrumental-technocratic consciousness)'이 걷잡을 수 없이 팽배해 '생활세계(lifeworld)'를 지배하기에 이른 자본주의 국가에서도 '의사소통적 행위(communicative action)'를 더욱 잘할 수 있는 기회가 있다고 한다.

하버마스에 따르면, 자본주의와 강력한 중앙집권적 권력이 결합하면서 (공동의 규범과 정체성의 영역인) '생활세계'에 대한 침범이 일어난다. 이렇게 되면 사람들은 서로 원자화되어 소외되고 만다(이 지점에서 하버마스가 마르크스의 영향을 받았다는 점을 알 수 있다). 의사소통과 사회적 연대가 있어야 가능한 생활의 과정들로 '생활세계'가 형성되기 때문에, 이러한 침범이 일어나면 '생활세계' 자체의 기반은 흔들리게 되며, 집단적 자기결정을 내릴 가능성이 줄어들게 된다. 그럼에도 불구하고 하버마스는 사실, 가치, 내적 체험에 대한 의사소통적 논의가 합리적으로 이루어질 수 있다고 생각한다.

그런데 이러한 생각이 법과 무슨 관련이 있을까? 쉽게 대답하기 어려운 물음이다. 하버마스가 제시한 '의사소통적 이성(communicative reason)'이라는 개념의 바탕에 자유와 평등의 원리가 있다는 점을 고려하면, 하버마스를 일종의 자유주의자로 분류하려는 것이 전혀 엉뚱한 시도는 아닐 것이다. 하버마스는 자유주의의 입장에서 '매체로서의 법(law as medium)'과 '제도로서의 법(law as institution)'을 구별한다. 매체로서의 법이란 형식적이고 일반적인 규칙들로서 국가와 경제를 통제하는 법을 이른다. 반면, 제도로서의 법은 '생활세계'에 속하는 법으로서, 제도라는 형식을 통해 생활세계에서 공유되는 가치와 규범을 표현한다. 제도로서의 법의 대표적인 예로는 형법에서 도덕과 관련된 부분을 들 수 있다. '매체로서의 법'과는 달리, '제도로서의 법'은 반드시 정당화를 거쳐야 한다. 하버마스에 따르면, 실제로 오늘날과 같이 다원적이고 파편화된 사회에서는 이러한 제도가 규범적 통합을 불러오는 훌륭한 기반이 된다.

하버마스에 의하면, 제대로 된 논의 과정을 거쳐 만들어진 법이야말로 정당한 법이다. 따라서 표현의 자유를 비롯한 민주적 기본권은 하버마스의 '의사소통적 행위' 이론의 핵심에 해당한다.

하버마스의 이론을 겨냥하는 문헌은 엄청나게 쏟아져나왔

다. 하버마스가 비판을 받는 지점들 가운데 하나는, 하버마스가 법을 과도하게 신뢰한 나머지 법을 사회적 통합을 달성하는 수단으로 여긴다는 점이다. 또 모든 당사자가 합리적인 논의 과정에 참여한 끝에 의견의 합치를 본 법적 규범만이 효력을 가진다는 하버마스의 설명은 현실성이 떨어지며, 그러한 설명은 고대 아테네의 민주정에 대해서나 타당한 것이 아니냐는 비판도 제기된다.

미셸 푸코

프랑스를 대표하는 사상가 미셸 푸코(Michel Foucault, 1926~1984)가 사회에서 법의 기능이 무엇인지를 직간접적인 연구 주제로 삼았다는 사실은 별로 알려지지 않았다. 푸코는 자신의 후기 저작에서 스스로 '계보학(genealogy)'이라 이름 붙인 철학을 선보였는데, 푸코는 이 참신한 방법론을 통해 권력의 본질과 기능을 폭로하고자 했다. 푸코에 따르면, 권력은 물리적 힘이나 법적 규제와는 구별되며, 자유나 진리를 위협하지도 않는다. 그 대신 푸코는 다음과 같은 설명을 제시한다. 즉 18세기 초반부터 공장, 병원, 학교, 감옥과 같은 시설들의 지리학(geography)으로 말미암아 인간의 신체는 전에 없던 '권력의 미시물리학(microphysics of power)'에 예속되기 시작했다는 것이다.

푸코에 따르면, 이러한 규율(discipline)은 네 가지 형태의 '훈련(practices)'으로 구성되며, 규율에 예속된 사람들은 이러한 훈련의 결과로 네 가지 특성을 띤 '개체성'을 체화하게 된다. 즉 이들의 신체에는 ('공간을 배분하는 작용'에 따른) 독방의 형태를 띤 개체성(cellular individuality), (여러 활동을 '코드를 통해 지시함'에 따른) 유기적 개체성(organic individuality), (시간의 축적에 따른) 생성적 개체성(genetic individuality), ('여러 힘의 조합'에 따른) 결합적 개체성(combinatory individuality)이 생겨난다. 이러한 과정에서 규율을 통해 '구사되는 네 가지 중요한 기술'이 있는데, 여기에는 일람표를 작성하는 기술, 동작을 지시하는 기술, 훈련을 시키는 기술, 여러 힘의 조합을 확보하기 위한 '전술(tactics)'을 수립하는 기술이 포함된다.

전술이란 다양한 힘들을 계산을 통해 조합함으로써 그 힘들의 효과를 증대시키는 메커니즘을 특정한 장소에 배치된 신체들, 일정한 코드를 통해 지시되는 활동들, 갈고닦은 실력들로 구성하는 기술인바, 이러한 전술은 가장 수준 높은 형태의 규율적 훈련에 해당됨에 틀림없다. [70]

이러한 방법을 구사하게 되면 사회의 질서를 통제하는 일은 더욱 용이해진다. 게다가 규율 권력은 사람들로 하여금 스스로 자연스럽다고 생각하게 되는 방식으로 행동하도록 유도한다. 이러한 '기술들(technologies)'에 의해 사람들이 마구 휘둘리게 되는 것이다. 즉 사람들은 저마다 '순종적인 신체(docile body)'로 거듭난다. 그리고 이로 말미암아 자본주의는 발전하고 번성하게 되는 것이다.

푸코는 권력에 관한 연구를 진행하다가 자유주의자들이 중앙집권적 국가를 지나치게 경계하는 현상에 대해 의문을 품게 되었다. 푸코에 따르면, 이러한 과도한 우려로 말미암아 자유주의가 제한하고자 하는 중앙집권적 국가가 도리어 자유주의 때문에 촉진되는 결과를 낳게 되었다.

푸코의 이론에서는 규율 권력이 사회적 생활과 관련된 거의 모든 요소에 흩어져 있고, 그 때문에 사회적 생활에서 법은 특별한 우위를 갖지 못한다. 규제 당국의 정책은 사회 질서의 유지를 위협하는 다양한 종류의 문제를 통제하는 데 초점이 맞추어져 있다. 그리하여 법은 '사회학적 방법으로 다루어지게(sociologized)' 되었다. 가령 형식적 평등이라는 연막을 걷어내고 나면, 근대 이후의 국가를 특징짓는 권력이 드러난다는 것이다.

이처럼 푸코의 저작을 읽으면 불안에 사로잡히게 되고, 그 대부분은 이해하기도 어렵다. 그렇지만 푸코는 규율 권력이 실제로 운용되는 방식에 대한 혁신적인 접근을 시도함으로써 연구 주제를 법의 제도적 운용에서 벗어나 법이 개개인에 미치는 영향으로 옮겨냈고, 이를 통해 사회 통제가 가진 어두운 측면을 더욱 심도 있게 규명해낼 수 있었다.

제 6 장

비판적 법이론

넓은 의미에서 비판적 법이론(critical legal theory)이라 부를 수 있을 입장을 견지하는 학자들은 이 책의 1장부터 5장에 걸쳐 간추린 이론 대부분을 의심의 대상으로 삼는다. 비판적 법이론가들은 오랜 기간 법철학의 핵심으로 여겨져온 이론적 기획들을 거부함으로써 자신의 논지를 드러내는 경우가 많다. 또 비판적 법이론에서는 자연의 이치로 여겨지는 것들이 비판의 대상이 된다. 예컨대 여성주의 법철학에서는 '남성 중심사회(patriarchy)'가, 비판적 인종 이론에서는 '인종(race)'이, 비판법학에서는 '자유 시장(free market)'이, 포스트모더니즘에서는 '메타 서사(metanarratives)'가 문제시된다. 이 장에서는 이와 같은 비판적 법이론의 여러 갈래를 하나하나 짚어보기로 한다.

비판적 법이론가들의 주된 목표는 법의 보편적이고 이성적인 토대에 대해 반론을 제기하는 것이다. 즉 이러한 토대를 통해서는 법과 법체계가 제대로 정당화될 수 없다고 한다. 비판적 법이론가들은 법을 다른 영역들과 구별되는 특별한 분야로 여기는 생각에도 반대한다. 이러한 생각에 따르면 법은 (정치나 도덕으로부터 독립된) 자율적이고 명확한 개념으로 표현되는데, 비판적 법이론자들은 법이 그러한 개념일 리 없다고 주장한다.

비판적 법이론가들은 법의 확정성(determinacy)은 잘못된 통념이라고 꼬집는다. 즉 법은 명확하고 일관적인 규칙과 법리로 이루어진 체계가 아니며, 불확실하고 모호하며 불안정한 것이라고 한다. 그리고 법은 합리성을 표현하는 것이 아니라 정치적 권력과 경제적 권력을 재생산하는 것이라고 주장한다. 게다가 비판법학(critical legal studies)을 지지하는 대다수가 주장하듯이, 법은 중립적이지도 객관적이지도 않다. 법은 중립성을 획득하기 위해 몇 가지 허구나 환상을 사용한다는 것이다. 가장 극명한 예로는, 법의 지배를 통해 평등이라는 자유주의적 이상이 구현된다는 자랑을 들 수 있다. 비판법학의 관점에서는 이는 그릇된 생각이다. 비판법학자들이 보기에, 사회적 정의는 공허한 약속에 불과하기 때문이다.

비판법학 운동은 거대한 물결을 일으켰다. 그 물결은 미국의 법학계에만 머물지 않고 영국, 캐나다, 오스트레일리아 등지로 퍼져나갔다. 비판법학이 오늘날에도 유행하고 있지만, 비판법학의 성격은 1920년대와 1930년대에 일어난 미국의 법현실주의 운동의 현대적 버전으로 규정되는 경우가 많다. '법현실주의'란 무엇인가?

법현실주의

법현실주의(legal realism)의 '학파'는 미국의 법현실주의와 스칸디나비아의 법현실주의로 대별된다. 양자는 공통점도 있지만, 그 연구 방법론에서 근본적인 차이를 보인다(이러한 차이점은 지금부터 자세히 다룰 것이다). 미국의 법현실주의 운동은 주로 실용주의와 행동주의에 기반을 두면서 (개념법학이나 법형식주의와는 달리) '실제 속의 법(law in action)'을 강조하는 반면, 스칸디나비아의 법현실주의 운동은 법의 형이상학적 토대에 대해 철학적 비판을 가하는 데 집중한다. 즉 미국의 법현실주의자들이 '규칙 회의주의자(rule-sceptics)'에 속한다면, 스칸디나비아의 법현실주의자들은 '형이상학 회의주의자(metaphysics-sceptics)'에 해당한다. 스칸디나비아 법현실주의자들이 특히 자연법과 같은 법에 관한 개념적 사유에 대해 유난히 강한 불신을 드러낸 까닭은, 스칸디나비아에 가톨릭교의 영향이 미미했다는 점에서 찾을 수 있지 않을까 싶다. 그게 아니라면, 스칸디나비아가 미국에 비해 유럽의 논리 실증주의의 영향을 더욱 강하게 받았기 때문일 수도 있겠다. 나아가서 미국의 법현실주의자들이 법원의 재판 과정에 대해 집중적으로 논의했다면, 스칸디나비아의 법현실주의자들은 논의의 범위를 더욱 넓혀서 전체 법체계를 아우르는 연구를 수행했다. 또 스칸디나비아의 법현실주의자들은 형이상학적 개념들에 대한 아주 깊은 불신을 갖고 있었지만, 이들보다도 미국의 법현실주의자들에게 경험주의의 색채가 더욱더 짙게 드리웠다. 스칸디나비아의 대표적인 법현실주의자로는 해거스트룀(Axel Hägerström, 1868~1939), 로스(Alf Ross, 1899~1979), 올리베크로나(Karl Olivecrona, 1897~1980), 룬트스테트(Anders Vilhelm Lundstedt, 1882~1955)를 꼽을 수 있다.

위와 같은 차이가 있기는 하지만, 미국의 법현실주의와 스칸디나비아의 법현실주의는 한 가지 중요한 공통분모를 가지고 있다. 즉 두 학파의 학자들 모두 법과 도덕을 하나로 통합시키기를 거부했고, '정의'와 같은 절대적인 가치에 대한 불신을 드러냈다. 이러한 실용주의는 미국의 대표적인 법현실주의자 올리버 웬들 홈스(Oliver Wendell Holmes, Jr., 1841~1935)가 남긴 명언을 통해 가장 뚜렷하게 확인할 수 있다. 홈스의 강연문 「법의 길The Path of the Law」 중에서 아주 인상적인 단락을 아래에 인용했는데, 특히 마지막 문장에 주목해보자.

이런 근본적인 질문을 던져봅시다. 법이란 무엇일까요? 법학 교과서를 몇 권 펼쳐보면 다음과 같은 대답을 확인할 수 있을 것입니다. 즉 법이란 매사추세츠주 법원이나 영국 법원에서 선고된 판결과는 다른 무엇으로서 이성의 체계에 속한다는 것이지요. 다시 말해, 법은 법원의 판결과 합치할 수도 있고 합치하지 않을 수도 있는, 도덕 원리나 자명한 공리 같은 것들로부터 연역해낸 결론이라고 합니다. 그러나 나쁜 사람의 입장에 서서 한번 생각해볼까요? 나쁜 사람이라면 공리나 공리에서 연역되는 결론 따위에는 조금도 관심이 없겠지요. 그보다는 매사추세츠주 법원이나 영국 법원이 실제로 무슨 판결을 내리게 될 것인지를 알고 싶을 겁니다. 제 생각도 나쁜 사람의 생각과 별반 다르지 않습니다. 제 생각에, **법이란 법원이 실제로 어떤 판결을 내릴 것인지에 대한 예언이지, 그보다 더 거창한 무엇이 아닙니다.** [71]

또 스칸디나비아의 법현실주의자 로스에 따르면, '정의'를 표방하는 일은 탁자를 힘껏 두드리는 일과 다를 바 없다. 왜 그런가 하면 정의를 내세우는 일은 감정의 표현으로서 이를 통해 누군가의 요구를 절대적 요청으로 전환하는 것이기 때문이다. 그러므로 '법현실주의'의 관점에서 보면 이론은 너무나 답답하다. 법현실주의자들은 '있는 그대로의' 법, 즉 법이 **그 사회적 맥락 속에서** 실제로 어떻게 작동하는지를 밝히고 싶어한다. 이러한 점에서 법현실주의는 법실증주의에 대해 비판적이며, 법을 고정적인 현상으로 여기는 법형식주의에 대해서도 아주 부정적이다. 그러나 (역설적이게도) 법현실주의자는 법실증주의자로 여겨진다. 법현실주의자는 '있는 그대로의' 법에 주안점을 두며, 실용주의와 경험주의에 심취해 있기 마련이기 때문이다. 이 장에서는 미국의 법현실주의 운동을 중점적으로 살펴볼 것이다.

미국의 법현실주의

1920~30년대의 미국은 재즈의 시대(Jazz Age)를 맞이했는데, 때마침 미국에서는 재즈와도 같은 법철학이 출현했다. 법현실주의자들은 '실제 속의 법'을 형식주의와 엄밀함을 상당히 배제한 채로 설명했다. 법형식주의자들의 '이해할 수 없는 소리(nonsense)'에 염증을 느낀 법현실주의자들은 법학 교육의 개혁을 위한 프로그램을 제시하는 운동에 앞장섰다. 법현실주의자들은 경험적 문제, 즉 법관의 재판에 영향을 미치는 사회학적 요소나 심리학적 요소를 확인하기 위한 연구에 몰

두했다. 그러나 이론적으로 보면 법현실주의에는 (앞서 언급한 바와 같이) 법실증주의의 특색이 두드러진다.

자연법론(1장 참조)이나 법실증주의(2장 참조)를 비판하는 법현실주의자들은, 법적 사건의 사실관계에 대한 정치적·도덕적 직관을 더욱 중요하게 생각했다. 실제로 1930년대에는 규칙이 운용되는 방식에 대해 실망을 표하는 법현실주의자들을 허무주의자로 몰아세우는 이들도 있었다. 왜냐하면 도덕은 물론, 심지어 법적 규칙까지 재판 과정에서 별다른 역할을 하지 못한다는 것이 법현실주의자들의 주장이라 여겨졌기 때문이다. 나아가 법현실주의자를 두고 민주주의에 반대하는 전체주의자라는 혐의를 씌우는 사람들도 있었다.

미국의 법철학자 브라이언 라이터(Brian Leiter, 1963~)에 따르면, 법관은 주로 **사실관계**가 주는 자극에 반응한다는 것이 법현실주의자들의 '핵심 주장'이다. 적용 가능한 법적 규칙보다는 주어진 사실관계에서 무엇이 공정해 보이는지에 대한 법관의 검토를 토대로 판결이 내려진다는 것이다. 이러한 주장을 뒷받침하기 위하여 라이터는 다음과 같은 세 가지 요소를 거론한다.

- 법관은 재판 과정에서 사건의 근저에 깔려 있는 사실관계에 반응한다. 다시 말해, 법관은 해당 사실관계가 법적

으로 중요한지, 즉 해당 사실관계가 적용 가능한 규칙과 관련을 맺는지에 반응한다.

- 법적 규칙과 논거는 재판의 결과에 별다른 영향을 주지 못하거나 아무런 영향을 주지 못하는 경우가 태반이다. 이러한 사정은 특히 법률심에서 두드러진다.
- 법현실주의자 대다수가 '핵심 주장'을 제기한 까닭은, 사실에 구체적으로 적용될 수 있도록 규칙을 새롭게 형성해내기 위함이다.[72]

첫번째 주장에 따르면, 법관은 불명확한 사건에 대한 판결을 내릴 때 자신이 가진 정치적·도덕적 신념의 영향을 받는다. 즉 법관의 법적 검토는 재판의 결과에 영향을 주지 못한다는 것이다. 두번째 주장에 따르면, 법은 불확정성을 띤다(이는 뒤에서 살필 '비판법학 운동'이 추구하는 바와 궤를 같이한다). 즉 대부분의 법률심에서는 법관이 주어진 사안과 관련되는 법적 소재들을 아무리 동원한다고 해도 유일한 법적 결론을 도출하기에는 불충분하다는 것이다.

미국의 법현실주의를 이끈 학자로는 올리버 웬들 홈스, 칼 르웰린, 제롬 프랭크를 꼽을 수 있다. 이 세 명의 법현실주의자들 가운데 특히 홈스는 미국 법실증주의의 지적 아버지(임은 물론 심지어 정신적 지주라고 할 법한 인물)에 해당한다. 홈스가 남긴 유명한 문장은 다음과 같다. "법이란 아무나 떠올리는 뜬구름 잡는 생각이 아니라, 그 신원을 확인할 수 있는 주권자 또는 그런 주권자에 비견될 만한 자가 명료하게 밝힌 의견이다. (…)"[73]

칼 르웰린(Karl N. Llewellyn, 1893~1962)은 기능주의 (functionalism)를 통해 법현실주의에 큰 발자취를 남겼다. 르웰린에 따르면 법은 일정한 근본 기능, 즉 '법의 일(law-jobs)'을 수행한다. 법은 "그 자체로 어떤 가치를 지닌 것이 아니라 일정한 목적을 실현하기 위해 돌아가는"[74] 엔진으로 파악되어야 한다는 것이다. 사회가 존속하기 위해서는 개개인의 기본적인 욕구가 어느 정도는 충족될 수 있어야 한다. 이렇게 각자의 욕구를 충족시키는 과정에서 갈등이 일어나기 마련인데, 이러한 갈등은 반드시 해소되어야 한다. 르웰린에 따르면, '법의 일'에는 다음과 같이 여섯 가지가 있다.

1. 분쟁을 해결하기
2. 분쟁을 예방하기 위해 행위와 기대를 조종하기
3. 분쟁을 예방하기 위해 조종했던 행위와 기대를 변화된 상황에 맞게 다시 조종하기
4. 권한을 분배하고 권위 있는 결정을 내리기 위한 절차를 확정하기

법현실주의자는 무엇에 대해 '현실주의적'인가?

1. **법은 끊임없이 변화하며**, 법관도 법을 창조한다.

2. 법은 그 자체로 목적이 아니라 **사회적 목적을 위한 수단**이다.

3. **사회는 끊임없이 변화하며**, 법이 변화하는 속도는 그에 미치지 못한다.

4. **법을 연구하기 위해서는 '존재'와 '당위'는 일시적으로 분리할 필요가 있다.**

5. **전통적인 법적 규칙과 개념으로 법관을 비롯한 사람들이 실제로 무엇을 하는지를 기술할 수 있다고 생각하지 않는다.**

6. **전통적인 명령적 규칙의 문언이 판결에 큰 영향을 미친다는 이론에 동의하지 않는다.**

7. 사안이나 법적 상황을 **더욱 세분화된 범주들**로 분류하는 것이 옳다고 생각한다.

8. 법을 평가할 때에는 **그 결과**를 고려할 필요가 있다.

9. 법이 가진 문제점에 대해 **장기적인 계획 아래 지속적으로 비판**을 가할 필요가 있다.[75]

---

5. 집단 내에서 지시를 내리고 동기를 부여하기

6. '법적 방법에 관한 일(the job of the juristic method)'

이처럼 법을 기능주의적으로 설명하게 되면, 다양한 일을 수행하는 법이라는 '제도(institution)'가 부각된다. 르웰린에 따르면, 제도란 어떤 일 또는 여러 가지 일을 기반으로 수행되는 체계적인 활동이다. 그리고 법이 맡은 가장 중요한 일은 분쟁을 해결하는 것이다. 즉 법은 '철학'이라기보다 '기술'인 것이다. (사회가 존속하기 위해 꼭 필요한 일과 관련되는) 중요한 제도도 있고, 어떤 직업에 필요한 기술과 같은 사소한 제도도 있다. 이러한 제도는 일군의 전문가들이 보유하고 있는 기술들로 구성된다. 즉 법률가들이 법을 운용하는 일은 기술에 속한다.

르웰린이 웅장한 스타일(grand style)의 판결과 형식적 스타일(formal style)의 판결을 구별한 바 있다는 사실은 잘 알려져 있다. 전자가 '이성의 스타일(style of reason)'로서 '정책'을 고려한 결과라면, 후자는 논리적이고 형식적인 것으로서 법의 지배로 도피하는 스타일이다. 말할 필요도 없이, 르웰린은 웅장한 스타일과 그 특징인 '상황 감각(situation sense)'을 중시했다. 르웰린에 따르면, 웅장한 스타일로만 작성된다거나 형식적 스타일로만 작성되는 판결은 없다. 그 대신 르웰린은 웅장한 스타일과 형식적 스타일 사이를 오가는 상황을 서술한다. 따라서 미국의 법이 그 창조성을 가장 많이 떨치던 19세기 초반에는 판결이 웅장한 스타일로 작성되었으나 19세기 중반부터는 형식적 스타일로 옮겨갔다는 사실이 르웰린에 의해 감지되었다. 나아가 르웰린은 20세기 중반에는 다시 형식적 스타일에서 웅장한 스타일로 옮겨갔다는 증거를 포착했다. 르웰린은 웅장한 스타일을 "저 자유로이 흐르는 불확실성의 강을 말라붙게 만들기 위해, 즉 국가기관의 명령처럼 보이는 것과 정의에 대한 절실한 요구 사이의 충돌을 제거하기 위해 인간이 고안해낸 역대 최고의 장치"[76]로 보고, 이러한 전개를 바람직한 것으로 여겼다.

제롬 프랭크(Jerome Frank, 1889~1957)는 '규칙 회의주의자(rule-sceptics)'와 '사실 회의주의자(fact-sceptics)'를 구분한다. 그러면서 르웰린과 같은 규칙 회의주의자가 '법률심에 대한 비판에 과도하게 집착(appellate court-itis)'한다면, 자신과 같은 '사실 회의주의자'는 법원에 들어온 사건의 **사실관계**를 발견하고 해석하는 데 영향을 주는 무의식적인 힘(unconscious forces)이 무엇인지를 규명한다고 한다. 프랭크가 보기에, 법현실주의자들은 대부분 법률심에 지나치게 몰두한 나머지 재판 과정의 무작위성(randomness)과 예측 불가능성(unpredictability)이라는 중요한 측면, 즉 **사실** 인정의 어려움을 놓치고 있다. 즉 법관과 배심원이 가진 여러 가지 선입견(가령 "여성, 미혼 여성, 머리가 붉은 여성, 머리가 흑갈색인 여성, 저음의 목소리를 내는 남성, 잠시도 가만있지 못하는 남성, 테가 두꺼운 안경을 쓴 남성, 몸짓이 유난히 눈에 띄는 사람, 얼굴에 신경성 경련이 일어나는 사람을 보면 드는 긍정적이거나 부정적인 생각"[77])이 재판의 결론에 영향을 미치는 경우가 흔하다는 것이다. 프랭크의 비판이 겨냥하는 지점은 법적 규칙을 통해 확실성을 담보할 수 있다는 생각이다. 만일 법적 규칙을 통해 사건의 결론을 확실히 알 수 있다면, 사람들이 무엇하러 군이 법원에 소를 제기하겠느냐는 것이다. 즉 해당 사안에 적용할 수 있는 규칙이 있더라도, 상충하는 결론들이 나올 수 있다는 것이다. 프랭크에 따르면, 어린아이가 흔히 느끼는 안전과 보호에 대한 깊숙한 욕구로 인해 우리 각자는 법이 확실한 것이기를 **바란다**. 마치 어린아이가 자기 아버지의 지혜를 전적으로 신뢰하듯이, 우리는 법이나 여타의 제도를 통해 그와 비슷한 안정감을 찾게 된다고 한다.

미국의 법현실주의를 대표하는 학자들은 모두 행동주의 (behaviourism)의 관점에서 법을 파악하는 견해의 영향을 받았음이 틀림없다.

행동주의자들은 직접 관찰하거나 측정할 수 없는 심리 과정이나 여타의 현상들이 **외부로 표현되는** 바를 서술하고 설명하고자 한다. 따라서 행동주의자들은 법과 관련된 사람들의 **행동**, 특히 법관의 **행동**을 평가하는 데 초점을 맞춘다. 그리고 이러한 행동주의적 경향은 특히 법현실주의자들이 '예측 (prediction)'에 대해 집착에 가까운 관심을 보이는 데서도 확연히 드러난다. 그러다보니 법현실주의는 "순진한 현실주의", "헐벗은 경험주의", 그리고 최근에는 "실용주의적 도구주의"[78]나 "심오한 보수주의"[79]가 아니냐는 의혹을 받아왔다.

뒤에서 살펴볼 '비판법학'이나 '법과 법체계에 대한 포스트 모더니즘의 접근 방식'은 법의 자율성에 대한 법현실주의의 선구적 비판에 빚을 지고 있다. '법현실주의 운동'과 '법사회학' 역시 불가분의 관계를 맺고 있다(5장 참조).

미국의 법현실주의에 대한 재평가가 어느 정도 이루어져왔는데, 특히 브라이언 라이터는 법현실주의를 "법철학적 농담"이나 "철학적 혼동의 연속"으로 치부하는 견해에 반대한다. 라이터는 다음과 같이 주장한다. "이제는 법철학자들이 법현실주의를 역사적 골동품이라고 의심하기를 멈추고, 법현실주의에 지지를 보내며 연구를 시작해야 할 시점이다. 법현실주의에는 그럴 만한 가치가 있기 때문이다."[80]

비판법학

비판법학(Critical Legal Studies)은 1970년대에 미국에서 출현하여, 그때까지 널리 인정되던 법리를 대체로 좌파의 관점에서 비평했다. 비판법학은 본래 다음과 같은 세 가지 특성을 띠고 있었다. 첫째, 비판법학은 법학의 바깥에 있는 정치학이나 사회학이 아닌 법학의 내부에 위치했다. 둘째, 비판법학은 법리에서 불의를 확인하고 이에 대한 비판을 시도했다. 셋째, 비판법학은 정치학, 철학, 문학비평, 정신분석, 언어학, 기호학 등을 활용한 학제 간 연구를 통해 법에 대한 비평을 수행했다.

미국의 법현실주의와 비판법학은 법형식주의를 의심하고 반대하는 견해를 가지고 있다는 점에서 비슷하기는 하지만, 엄밀히 말해 비판법학을 '새로운 법현실주의'로 볼 수는 없다. 미국의 법현실주의와 비판법학 모두 신비화된 법에 대한 해명을 제시하면서 법이 '실제 속의 법(law in action)'으로서 작동한다는 점을 드러내고자 하지만, 비판법학은 실용주의나 경험주의와 같이 법현실주의자들이 파고드는 이론적 기반과는 관련이 없다. 그 대신 비판법학자들은 법이 사회의 억압적 속성을 재생산한다는 의미에서 '문제가 있는(problematic)' 것으로 파악한다. 더 나아가보면, 미국의 법현실주의자들은 법적 추론과 정치를 구분하는 견해를 표방하지만, 비판법학자들은 법이 실제로는 정치이며, 법적 추론은 여타의 추론들과 구분되는 속성이 전혀 없다는 점을 논의의 전제로 삼는다. 그리고 법현실주의자들은 법적 규칙과 이러한 규칙이 사회에서 실제로 적용되는 방식을 구별하고자 하면서도, 법의 중립성과 자유주의 이데올로기를 전폭적으로 수용하는 것이 일반적이다. 그러나 비판법학자들은 이러한 생각에 조금도 동의하지 않는다.

실제로 비판법학자들은 마르크스와 프로이트(Sigmund Freud, 1856~1939)의 이론을 활용하여 일종의 '헤게모니 의식 (hegemonic consciousness)'이 법에 내재해 있음을 감지했다. 헤게모니 의식이란 이탈리아의 마르크스주의자 안토니오 그람시가 사용한 용어인데, 그람시가 관찰한 바에 따르면 사회 질서는 (심지어 사회 질서에 실제로 종속되는 자들조차) '상식'이나 자연 질서의 일부로 받아들이는 신념의 체계를 통해 유지된다. 다시 말해, 이러한 신념의 체계는 알고 보면 그 사회를 지배하는 엘리트들의 일시적이고 자의적인 이해관계를 반영할 따름인데도, 마치 영원하고도 필수적인 존재로 여겨진다는 것이다.

그리고 이러한 신념의 체계는 '물화(物化, reification)'를 거치게 된다. 물화는 마르크스가 사용했고 헝가리의 마르크스주의자 죄르지 루카치(György Lukács, 1885~1971)가 다듬어낸 용어이다. 생각이 물질적인 것이 됨으로써, 기실 우발적이고 자의적이며 주관적인 생각이 마치 본질적이고 필수적이며 객관적인 것처럼 표현되는 현상을 물화 개념을 통해 설명한다. 또 프로이트에 따르면, 법에 관한 사유는 '부정(denial)'의 형식을 가진다. 이러한 형식의 사유를 통해 우리의 의식에 담아두기에는 너무나도 고통스러운 모순을 처리하는 방편이 마련된다고 한다. 가령, 법에 관한 사유를 거치면 '평등과 자유에 대한 약속'과 '억압과 계급이 존재하는 현실' 사이의 모순이 부정된다는 것이다.

브라질의 사회이론가 로베르토 웅거(Roberto Unger, 1947~)는 비판법학을 다룰 때 빼놓을 수 없는 인물이다. 웅거에 따르면, 사회는 다음과 같은 네 가지 신념에 기초해 서술되고 있다. 첫째, 법은 하나의 '체계'인데, 이처럼 '법리'로 이루어진 체계를 제대로 해석하게 되면 사회적 행동에 관한 모든 문제에 대해 해답을 제공할 수 있다는 신념이다. 둘째, 법리로부터 해답을 발견할 수 있도록 해주는 특수한 형태의 법적 추론이 존재한다는 신념이다. 셋째, 이러한 법리가 사회의 속성과 사람들 사이의 관계에 관한 정합적인 시각을 반영한다는 신념이다. 넷째, 법체계에서 나오는 규범들이 (사람들이 이러한 규범들을 내면화하기 때문이건, 아니면 그렇게 하도록 실제로 강요받기 때문이건) 사회적 행위에 반영된다는 신념이다.

비판법학자들은 위와 같은 신념들을 조목조목 비판한다. 첫째, 비판법학자들은 법은 체계가 아니며, 모든 문제의 해법이 될 수 없다고 생각한다. 이는 **불확정성**(indeterminacy)의 원리로 불린다. 둘째, 비판법학자들은 자율적이고 중립적인 형태의 법적 추론은 존재하지 않는다고 생각한다. 이는 **반-형식주의**(anti-formalism)의 원리로 불린다. 셋째, 비판법학자들은 인간의 관계에 대한 유일하고 정합적인 견해가 법리로 요약될 수 없다고 생각한다. 그 대신, 비판법학자들은 법리를 통해 (대개는 상충하는) 여러 가지 견해가 드러난다고 여기며, 그 가운데 어떠한 견해도 지배적이라 불릴 만큼 정합적이거나 설득력이 있지는 않다고 주장한다. 이는 **모순**(contradiction)의 원리로 불린다. 넷째, 비판법학자들은 (설령 합의가 이루진 경우에도) 법이 사회적 행동을 결정하는 요인이라 여길 만한 이유가 전혀 없다고 생각한다. 이는 **비주류**(marginality)의 원리로 불린다.[81]

법이 불확정적이라면, 법학자들이 법을 무엇이라고 정의하려 한들 이는 단순한 주장에 불과하게 된다. 법적 추론이 여타의 추론과 구별되는 점이 없다면, 법학은 정치적 논쟁으로 환원되고 말 것이다. 모순을 법리에서 근본적으로 배제할 수 없다면, 승패가 없는 결론이 나오지 않는 한 법적 논증이 이러한 법리에 의존할 수는 없다. 법이 그다지 중요하지 않다면, 사회적 생활은 법의 바깥에 있는 규범들에 의해 조종될 것임에 틀림없다.

비판법학에는 이보다 더 급진적인 견해도 있다. 그러나 이러한 견해 가운데는 진지하게 받아들이기 어려운 것도 있다. 예컨대, 법학전문대학원에 고착화된 위계질서를 혁파하기 위해서 (교수부터 청소부까지) 모든 교직원이 똑같은 월급을 받아야 한다는 주장이 큰 호응을 받은 적은 없었다. 적어도 교수들이 동의할 리 없지 않은가. 어쨌든 비판법학이 미사여구(rhetoric)와 현실(reality) 사이에 파인 깊숙한 간극을 규명하는 데 중요한 역할을 했다는 점에는 의문의 여지가 없다. 그렇지만 비판법학을 맹신하는 일부 논자들의 파괴적(이거나 심지어 허무주의적)인 주장들로 인해 더 나은 법을 만들 가능성이 희박해지는 경우도 많은 것 같다. 비판법학자들이 제기하는 대부분의 주장은 지금도 법학계에서 상당한 영향력을 행사하고 있기는 하지만, 지금부터 살펴볼 이론들로 흡수되거나 변형되거나 개선되는 과정을 밟아왔다.

포스트모던 법이론

"포스트모던(postmodern)은 메타 서사(metanarratives)에 대한 불신으로 정의된다."[82] 장프랑수아 리오타르(Jean-François Lyotard, 1924~98)의 명저 『포스트모던의 조건The Postmodern Condition: A Report on Knowledge』에 나오는 문장이다. 칸트, 헤겔, 마르크스와 같은 철학자들은 거대한 '메타 서사'를 늘어놓으며 진리와 정의의 가능성을 타진했지만, 오늘날에는 그러한 가능성을 기대하기 어렵다는 것이다. 보편적인 가치들, 즉 '거대 서사(master narratives)'는 리오타르와 같은 포스트모더니스트들이 보기에는 (무의미하지는 않더라도) 불필요하다. 특히 (17~18세기의 계몽주의는 물론) 계몽주의와 관련된 위대한 역사적 사건이나 발전, 사상은 전적으로 의심의 대상이 된다. 포스트모더니스트들은, 인간은 '진보'를 통해 '문명화'와 같은 목적으로 '진화하는 중'이라는 전통적인 믿음을 거부하고, 개개인이 겪은 사적 경험을 토대로 세상을 해석하고 이해하고자 한다.

이처럼 포스트모더니스트들의 표적에는 계몽주의도 포함되지만, 모더니즘에 특유한 개인의 권리, 평등, 정의에 관한 칸트의 사유까지 들어간다. 그러나 비판은 여기서 그치지 않는다. 자연권(1장 참조)을 주장하는 사람들만 권리, 평등, 정의와 같은 가치를 높이 사는 것이 아니기 때문이다. 즉 법실증주의자들(2장 참조)을 포함하여 계몽주의 시대 이후에 등장한 법이론가들 역시 그러한 가치를 중요하게 생각한다. '문화 이론(culture theory)'을 구성하는 요소들, 그리고 미셸 푸코(5장 참조)나 (곧이어 다루게 될) 자크 데리다, 자크 라캉을 비롯하여 주로 프랑스나 독일의 철학자의 저작들이 원용되는 포스트모더니즘은, 영미권의 전통적인 철학적 방법과 전제, 사유들을 무효화하(거나 적어도 의심의 대상으로 삼으)려는 시도로도 평가할 수 있다.

포스트모더니스트들은 사회(와 사회 내에서의 법의 역할)에 대한 설명을 통해 형식주의, 본질주의, 국가주의, 유토피아주의에 대한 환상을 걷어낸다. 민주주의에 대한 환상 역시 예외일 수 없다. 의심은 여기서 그치지 않는다. 비판 이론(critical theory)에서도 (미학에서건 윤리학에서건) 진리라는 '기본적' 이념은 전복해야 할 대상이 된다. 즉 포스트모더니스트들은, 현대 국가에서 개인이 관료제에 짓눌려 숨통을 트지 못하고, 국가의 손길이 미치지 않는 영역이 없으며, 시장은 지구촌 곳곳으로 나날이 팽창하고, 가치들이 보편화되는 현상을 보면서 진저리를 치는 것이다.

포스트모더니즘이 새로운 실용주의의 온상이 되기도 했다(는 사실은 아마도 필연적 귀결일 것이다). 왜냐하면 여성이나 소수자, 수탈당한 자, 경제적 약자가 처한 특수한 곤경에 주목하는 더욱 포용적인 공동체를 지지하는 사람이라면 (경제, 환경, 정치와 관련된) 실용적인 목표들에 눈길이 가기 마련이기 때문이다. 이러한 맥락에서 '임파워먼트(empowerment)'라는 표현이 (비판법학이나 여성주의 법이론에서와 마찬가지로) 자주 등장한다. 그러나 포스트모더니스트들이 제시하는 급진적인 정책은 복잡하기도 하거니와 '이데올로기의 증식(multiplication of ideologies)'으로 불리는 혼란을 낳게 될지도 모른다.

포스트모더니스트들에게 '주체(subject)'나 '객체(object)'는 모두 환상일 따름이다. 그리고 '주체'에 대한 포스트모더니즘의 사유를 통해 (특히 법의 맥락에서) 개인은 도덕적 행위자(moral agent), 권리를 가진 자(right-bearer), 아니면 그저 법체계 내에서 활동하는 자(player in the legal system)라는 식으로 흥미롭게 설명된다. 라캉의 정신분석학적 구조주의 이론이나 데리다의 후기 구조주의 사상의 영향력이 상당했기 때문에, 심리학이나 언어학의 색채를 뚜렷하게 띠는 설명도 있다. 그러나 뒤에서 확인하게 되겠지만 이러한 방식의 접근은 법의 본질을 이해하는 데 별반 도움이 되지 않는다.

자크 라캉

프랑스의 정신분석학자 자크 라캉(Jacques Lacan, 1901~81)은 포스트모던 정신분석학적 기호학의 기틀을 마련한 사람으로 소개될 때가 많다. 라캉은 프로이트, 소쉬르(Ferdinand de Saussure, 1857~1913), 레비스트로스(Claude Lévi-Strauss, 1908~2009)의 이론을 끌어와 무의식이 언어와 같은 구조를 갖추고 있다고 주장한다. 그러하기에 지식(knowledge), 권력(power), 심급(agency), 욕망(desire)으로 가득한 무의식 속에서 일어나는 담론의 내적 작동 방식을 확인하는 일이 아주 중요하다고 한다. 라캉에 따르면, 우리는 우리가 뱉는 말을 통제할 수 없다. 아니 더 정확히 말하자면, 언어의 구조는 사고와 욕망에 의해 미리 결정되어 있다. 인간을 자아, 초자아, 무의식으로 분열된 주체로 파악하는 프로이트의 정신분석학적 접근을 수용한 라캉은, 언어로 표현되는 '나'(라캉은 이를 '언표의 주체subject of the statement'라고 부른다)를 가지고는 결코 한 개인의 '참된' 정체(라캉은 이를 '언표행위의 주체subject of enunciation'라고 부른다)를 나타낼 수 없다는 점을 분명히 밝혔다.

라캉에 따르면, 사람은 자신의 정체(identity)와 그 재현(representation) 사이에 놓인 이러한 괴리를 생후 18개월까지 경험한다. 그러다가 나이가 들면서 이러한 괴리는 완전히 자취를 감추게 된다. 인간은 개인적 안정성이나 사회적 안정성과 비슷한 것을 오직 환상(fantasy)을 통해서만 구축하는데, 이러한 환상은 계속 유지될 수 없다. 그러므로 주체는 분열되거나 중심을 잃고 흩어진다. 무의식의 언어를 통해 모든 경험과 지식과 생활이 결정된다. 라캉이 보기에, 정의라는 이념은 조화로운 공동체에 대한 실현 불가능한 욕망을 감추는 환상에 가깝다.

자크 데리다

프랑스 철학자 자크 데리다(Jacques Derrida, 1930~2004)는 철학적 논쟁의 중심에 선 인물로, 그의 사상은 해체(解體,

déconstruction)라는 개념과 깊은 관련을 맺는다. 데리다는, 독일 철학자 마르틴 하이데거(Martin Heidegger, 1889~1976)의 철학에서 빌려온 해체(Destruktion)를 통해 차연(差延, différance)이라는 개념을 설명하고자 했다. 차연은 위계적 대립항들(hierarchical oppositions)이 서로 의존하면서도 차이를 보이는 상태를 설명하기 위해 데리다가 고안해낸 개념이다. 프랑스어 'différence'는 동사 'différer'에서 나온 명사인데, 'différer'에는 '차이가 나다'라는 뜻도 있지만, '뒤로 연기하다'라는 뜻도 있다. 데리다는 'différence'의 중간에 있는 'e'를 'a'로 바꾸어 새로운 단어를 만들어낸 것이다. 'différence'와 데리다의 'différance'는 프랑스어 발음으로는 전혀 구별되지 않는다.

스위스 언어학자 소쉬르의 기호학을 수용한 데리다는 '기표(記標, signifier)'와 '기의(記意, signified)'를 구분한다. 소쉬르는, 언어 규칙의 심오한 구조에 해당하는 **랑그**(langue)와 언어 공동체의 구성원들이 하는 발화행위의 집합에 해당하는 **파롤**(parole)을 구별한다. 언어를 연구할 때에는 랑그가 파롤보다 중요한 요소이다. 랑그는 언어를 구성하는 다양한 기호들 사이에 형성된 관계들의 체계이기 때문이다. 예를 들어보자. '개'라는 단어는 우리집 거실을 돌아다니는 사랑스러운 생명체와 일치하지 않는다. 그렇지만 우리는 '계', '게', '패'와 같은 비슷한 소리와 '개'라는 소리의 차이를 통해 '개'라는 단어를 이해한다. 데리다의 가정에 따르면, '개'의 의미는 이렇게 기표들 사이의 차이들이 대립하면서 생겨나기 때문에 '개'의 의미는 (다른 모든 기표의 의미와 마찬가지로) 한없이 연기되고 만다. 데리다의 결론은 다음과 같다. 즉 안정성(stability)을 확보하기 위한 유일한 방법은, 언어를 '해체'함으로써 어떤 기표의 의미가 그 내부에 또다른 기표('타자')를 포함하는 방식을 보여주는 것이다.

데리다는 원대한 포부를 품었다. 서양 철학에 담긴 '현전의 형이상학(metaphysics of presence)'을 들추어내고자 한 것이다. 데리다는 이러한 폭로를 통해 대립항들을 모아놓고 보면 '현전(presence)'에 해당하는 항이 '부재(absence)'에 해당하는 항에 비해 항상 우월한 지위를 부여받는다는 사실을 지적한다. 데리다에 따르면, 서양 철학은 인간이 가장 분명히 의식할 수 있는 것, 즉 명백하거나 자명한 것이야말로 가장 현실적이거나 가장 근본적이거나 가장 중요하다는, 숨겨진 전제에 터 잡아 전개되었다.

데리다의 추론은 다음과 같은 불편한 결론에 가닿는다. 즉 이처럼 차이의 불안정한 구조에서 생겨나는 언어는 언제나 불확정성을 띠게 마련이라는 것이다. 그렇다면 정체성을 가진 주체를 확립(하고 이로써 개인적 권리를 가진 주체를 확립)할 가능성은 희박해진다.

포스트모던 법이론에 매력을 느끼고 연구하는 이들이 상당히 많기는 하지만, 과연 포스트모던 법이론을 통해 법에 대한 이해가 깊어지는지를 물어볼 필요가 있다. 예를 들어 이렇게 물어볼 수 있겠다. 데리다의 해체를 통해 법의 개념에 대한 어떤 구성적인 통찰을 얻을 수 있는가? 앞에서 살펴본 바와 같이, 법의 정당성은 정의에 관한 입장이 어떠한 방식으로든 정립된 후에야 가능하고 법의 언어는 규범적일 수밖에 없으므로, 라캉의 정신분석이나 데리다의 해체를 통해서 법에 대한 안목을 기르기는 어렵다고 생각한다.

여성주의 법이론

전통적인 법철학에서는 여성의 지위에 대해 아무런 논의도 이루어지지 않았다. 여성주의 법이론은 이러한 공백을 잘 메워주었다. 여성주의 법이론은 대학에서 가르치는 법학 커리큘럼에도 큰 변화를 가져왔지만, 법 자체에도 상당한 영향을 미쳤다. 그도 그럴 것이, 여성주의 법이론가들은 현실과 동떨어진 이론에만 머물지 않고 (특히 성폭력과 가정폭력을 규율하는) 형법, 가족법, 계약법, 불법행위법, 물권법, 헌법, 행정법을 비롯한 여러 실체법에서 발견되는 수많은 불평등을 속속들이 분석해왔기 때문이다.

최근의 예를 하나 들어보자. 미국과 영국의 법원에서는 성 관계를 거부하는 아내를 강간한 남편을 처벌할 수 없다는 법 리를 오랫동안 유지했었는데, 미국에서는 1984년에, 영국에 서는 1991년에 이러한 법리를 폐기하는 판결이 선고되었다. 이전에는 결혼한 여자는 남편의 성관계 요구에 언제나 동의 한다고 여겨져왔다. 판결서에 여성주의 법이론이 명시적으로 언급되지는 않았지만, 여성주의 법이론이 부부강간죄의 성 립을 인정하는 결론을 내리는 데 영향을 미친 것은 분명해 보 인다.

그동안 여성이 부당한 대우를 받아왔다는 사실을 고려하 면, 그에 대한 불안의 발로로 여성주의자들이 대놓고 공격 적인 글을 쓰는 경우가 많다고 해서 전혀 이상할 게 없다. 초 창기 여성주의자들은 "개인적인 것이 정치적인 것이다(The personal is political)"라는 구호를 외치곤 했다. 많은 사람들의 호응을 얻었던 이 구호는, 당시 변혁을 외치던 사회운동가들 이 가정과 일터에서 여성이 예속되는 일상을 타파하지 못했 다는 점을 공개적으로 비판한다는 의미도 있었다.

물론 여성주의자들이 한 가지 목소리만 내는 것은 아니다. 크게 보면 적어도 다섯 가지의 여성주의 법이론이 존재한다. 지금부터는 여성주의 법이론의 다양한 관점을 개관하면서,

여성주의 운동이 거둔 이론적·실천적 성과를 간추려보겠다.

자유주의적 여성주의

자유주의자들은 개인의 권리, 즉 시민적 권리와 정치적 권리를 중시하고, 광범위한 개인의 자유가 필요하다는 점을 역설한다. 즉 표현의 자유, 양심의 자유, 결사의 자유, 성적 자기결정권과 같은 개인의 자유는 타인에게 해를 끼치는 경우를 제외하고는 국가의 간섭을 받을 필요가 없다는 것이다. 자유주의적 여성주의자들은 개인을 자율적인 권리의 주체로 이해하면서 평등, 합리성, 자율성과 같은 가치를 강조한다. 이들에 따르면, 남성과 여성 모두 합리적인 존재이기 때문에, 남성과 여성은 합리적으로 선택할 기회를 동등하게 가질 수 있어야 한다. (바로 뒤에서 보게 되듯, 급진적 여성주의자들은 자유주의적 여성주의자들이 이처럼 평등에 방점을 찍는 태도에 문제가 있다고 지적한다. 왜 그런가 하면 여성이 남성과 유사한 존재임을 주장하게 되면 여성을 남성의 영역으로 밀어넣음으로써 여성을 남성으로 만드는 꼴이 되기 때문이라고 한다.)

자유주의적 여성주의자들은 대부분 법체계나 정치체계가 남성 중심적으로 돌아간다는 점을 인정하면서도, 급진적 여성주의자들이 제기하는 보편성은 떨어지지만 중요한 비판들을 수용하지는 않는다. 자유주의적 여성주의자들이 바꿔나가려는 지점은, 특히 직장과 같이 제도적 차별이 일어나는 기존 체제인 것이다.

자유주의적 여성주의자들이 평등(equality)을 중시한다면, 급진적 여성주의자들은 차이(difference)에 주목한다. 자유주의적 여성주의자들이 가장 고심하는 사항들 가운데 하나는 사적 영역과 공적 영역의 경계이다. 정치적 평등이 실현된 경우에도 아무래도 여성은 공적 영역에서 배제되는 경우가 많기 때문이다. 마찬가지로, 가정과 직장과 같은 사적 영역에서 여성은 지배와 착취의 대상이 된다. 법의 개입이 자제되는 경우가 많은 가정 내에서 여성에 대한 폭력이 빈번히 발생한다. 따라서 급진적 여성주의자들이 보기에는, 자유주의적 여성주의야말로 여성이 종속되는 원인일 수도 있는 것이다.

급진적 여성주의

급진적 여성주의를 대표하는 캐서린 맥키넌(Catharine MacKinnon, 1946~)은, 남성이 여성을 남성과는 다른 존재로 차별했기 때문에 여성은 남성과 평등한 존재가 될 수 없다는 식의 생각에 반대한다. 맥키넌에 따르면, 남성이 여성을 지배한다는 사실을 고려할 때 궁극적인 질문은 '누가 권력을 가지는가'이다. 급진적 여성주의자들에 따르면, 법은 실제로 남성의 전당이자 체계로서, 여성의 출입을 허용한다거나 여성의 가치를 법 규정과 절차에 담아낸다고 하여 모종의 변화가 생길 곳이 아니다. 즉 법을 개정한다고 해도 사정은 별반 달라지지 않는다고 한다. 왜냐하면 법이 지닌 남성성을 고려하면 법 개정은 그저 남성에 지향된 결과를 낳고 남성이 지배하는 관계들을 재생산하는 일에 그칠 것이기 때문이다. 맥키넌의 말을 빌리자면, "추상적인 권리를 통해 (⋯) 세계에 대한 남성의 경험은 법적으로 승인된다."[83]

급진적 여성주의자들은 법의 중립성을 자유주의자들의 환상으로 치부한다. 이들은 감춰진 현실을 들춰내고자 하며, 이를 통해 여성이 자신을 지배하는 남성 중심적인 체제를 변혁해야 한다는 점을 깨닫기를 바란다.

프랜시스 올슨(Frances Olsen, 1945~)에 따르면, 남성과 여성 사이의 차이들, 즉 젠더를 이분법적으로 바라보는 견해들은 '성적 역할의 고착화로 이어진다(sexualized).' 이로 인해 남성이 가진 속성이 우월한 것으로 여겨진다고 한다.

캐럴 스마트(Carol Smart, 1948~)는 법이 실제로 평등을 보장할 수 있다고 생각하지 않는다. 앤 스케일스(Ann Scales, 1952~2012)는 법의 형식으로는 변화를 도모할 수 없다는 생각을 다음과 같이 호소력 있게 적었다.

법률가들은 자신들이 인식적 객관성(cognitive objectivity)을 끊

아래의 표는 올슨의 논문 「여성주의와 비판적 법이론」[84]에 나오는 내용을 적절히 바꾸어 정리한 것이다.

남성	여성
합리적	비합리적
능동적	수동적
생각	느낌
이성	감정
문화	자연
권력	민감성
객관적	주관적
추상적	맥락과 관련되는

임없이 추구하기 때문에 여성들이 기존의 체계 속에서 자기 목소리를 낼 수 있다고 주장하는데, 이러한 주장을 들을 때에는 각별한 주의를 요한다. (…) 여성에 대한 부당한 차별은 비합리성(irrationality)이 아닌 지배(domination)의 문제이다. 법의 초점은 지배에 맞춰져야 하는데, 그 초점은 형식적 렌즈(formal lens)를 가지고는 맞출 수가 없다.[85]

크리스틴 리틀턴(Christine Littleton)은 '수용으로서의 평등(equality as acceptance)'을 주창하면서, 여성이 차별당하게 된 원인보다 결과에 주목한다. 이를 통해 임금 수준이나 근로 조건에 관한 법적 결과가 성별에 따라 공공연히 달라지는 문제를 부각시킨다.

급진적 여성주의자들은 "여성 문제를 제기함(asking the woman question)"[86]으로써 여성이 지배당하는 현실을 들춰내고자 한다. 즉 이러한 노력을 기울이지 않는다면 객관적이거나 중립적으로 보이는 법규칙과 법실무가 실제로는 성별적 함의(gender implications)를 가진다는 점을 제대로 포착할 수 없다는 것이다.

포스트모던 여성주의

앞에서 설명했듯이, 포스트모더니스트들은 대부분 '주체(subject)'라는 관념을 거부한다. 나아가 이들은 '평등', '젠더', '법', '남성 중심 사회', '여성'과 같은 객관적 진리를 말하는 것에 대해 반감을 갖고 있다. 다시 말해, 상당수의 포스트모더니스트들은 모든 사물은 바로 그것이 되기 위해서는 반드시 가져야만 하는 속성을 가지고 있다는 생각, 즉 사물에는 '본질'이 있다는 생각을 철저히 배격한다. 포스트모던 여성주의자들도 이러한 '본질주의'를 의식한다. 예컨대 이들은 캐서린 맥키넌과 같은 급진적 여성주의자들이 여성이라는 표면의 아래에 '문화 이전의 여성(precultural woman)'이 존재한다는 주장을 통해 어떤 본질을 말하고 있다는 점을 지적한다.

드루실라 코넬(Drucilla Cornell, 1950~)과 프랜시스 올슨은 자크 데리다와 줄리아 크리스테바(Julia Kristeva, 1941~)의 연구를 바탕으로 논의를 전개한다. 특히 코넬은 '보편적 상상력(imaginative universal)'[87]이라는 개념을 제시하고, 이를 통해 실제 경험에 관한 본질주의를 초월하여 신화의 영역으로 진입한다. 법의 남성적 속성, 즉 '남성이 지배하는(phallocentric)' 사회는 포스트모던 여성주의자들이 다루는 핵심 주제이다. 캐서린 바틀릿(Katharine Bartlett)에 의하면, 여성주의자들이 법이 운용되는 방식에 관한 연구를 할 때 사용하는 법적 방법으로 적어도 세 가지를 들 수 있는데, 거기에는 "여성 문제의 제기(asking the woman question)", "여성주의에 터 잡은 실천적 추론(feminist practical reasoning)", "의식의 고양(consciousness-raising)"이 해당된다.[88] 먼저 "여성 문제의 제기"란 중립적으로 보이는 법규칙과 법실무가 알고 보면 성별적 함의를 가진다는 점을 들춰내는 방법이다. 다음으로 "여성주의에 터 잡은 실천적 추론"이란, 공동체를 (법규칙을 통해) 대변한다고 하는 규범들의 정당성에 대해 의문을 제기하는 방법으로, 특히 강간이나 가정폭력 사건을 다룰 때 적용된다. 마지막으로 "의식의 고양"이란 여성이 억압받는 현실을 이해하고 들춰내는 방법이다.

차이 여성주의

차이 여성주의(difference feminism), 혹은 문화적 여성주의 (cultural feminism)는 형식적 평등과 젠더에 대한 자유주의적 여성주의자들의 신념과 충돌을 일으킨다. 차이 여성주의자들에 따르면, 자유주의적 여성주의자들은 남성과 여성 간의 차이를 흐릿하게 만들었다. 반면, 차이 여성주의자들은 법의 내용, 법의 운용, 법적 절차에서 암묵적으로 전제되는 것을 들춰내기 위해 형법, 증거법, 불법행위법, 그리고 법적 추론의 과정 자체에 내재된 온갖 차별적 요소들을 규명한다. 예컨대 '합리적인 사람(reasonable man)'이라는 개념, 강간 사건에 적용되는 여성의 성적 욕구나 지향에 대한 남성의 시각, 법의 언어 자체 등이 비판의 대상에 포함된다.

차이 여성주의자들에 따르면, 평등이란 자유주의적 여성주의자들이 생각하는 것보다 훨씬 복잡미묘한 목표에 해당한다. 미국의 심리학자 캐럴 길리건(Carol Gilligan, 1936~)의 연구에 의하면, 여성의 도덕적 가치는 책임과 관련되는 경우가 많지만, 남성의 경우에는 권리가 강조된다. 여성은 맥락에 신경을 쓰는 반면, 남성은 정의와 같은 중립적이고 추상적인 관념을 높이 산다. 길리건에 따르면, 특히 여성은 누구도 상처받아서는 안 된다는 점을 표방하는 '배려의 윤리(ethic of care)'를 받아들인다. 이러한 배려와 보살핌에 관한 도덕을 통해 남성과 여성 간의 본질적인 차이가 확인된다는 것이다.

차이 여성주의자들은 여성이 타인과 맺는 '특별한 관계'를 긍정적인 특성으로 높이 사는 반면, 급진적 여성주의자들은 그 부정적인 측면, 즉 포르노 같은 것을 통해 여성이 성적 대상이 되고 마는 현상에 주목한다. 맥키넌은 포르노를 "강요된 섹스의 일종"[89]이라고 규정한다.

비판적 인종 이론

비판적 인종 이론(critical race theory)은 1989년 미국 위스콘신주의 주도 매디슨에서 비판법학자들의 해체(déconstruction)가 도를 넘었다고 여기는 일군의 학자들의 반발로 등장했다. 그렇다고 해서 비판적 인종 이론가들이 '정의', '진리', '이성'과 같은 계몽주의적 관념들에 아무런 의문을 제기하지 않는 것은 아니다. 그러나 비판적 인종 이론의 주된 목적은 법에 만연해 있는 인종주의를 폭로하는 것이다. 비판적 인종 이론가들에 따르면, 특권을 누리는 백인 중산층에 속한 교수들은 인종주의의 본질이나 심각성을 온전히 밝혀낼 수 없다. 치욕적이고 부당한 차별로 고통받아온 자들이야말로 비주류로 밀려난 인종적 소수자들의 진정한 대변자가 된다는 것이다. 비판적 인종 이론가들이 보기에, 법의 형식적 개념들은 특권을 가

> **합의의 종언?**
>
> 비판법학자들은, 법현실주의 이후에 미국 법학의 특징으로 자리 잡은 합의(consensus)에 대한 추구를 탐탁지 않게 여겼다. 그러나 여성주의 법이론가들과 비판적 인종 이론가들이 주장하는 바에 따르면, 비판법학자들이 제시하는 개혁적 의제(transformative agenda)에서는 모종의 대안적 합의를 토대로 사회를 만들 수 있다는 신념이 묻어난다. 하지만 이처럼 대안적 합의를 통해 성립된 새로운 사회라고 해서 자유주의적 법치주의(liberal legalism)에 입각한 사회에 비해 여성이나 소수자 집단의 경험, 가치관, 관심사를 훨씬 잘 수용한다고 보장할 수는 없을 것이다. 이러한 사정을 종합해보면, 여성주의 법이론과 비판적 인종 이론은 합의에 대한 추구를 멈출 것을 요청하는 이론이라고 이해해봄 직하다. [90]

진 엘리트 백인 남성이라는 주류의 실상을 고스란히 반영하고 있다. 바로 이러한 주류의 문화와 생활 방식, 태도, 규범적 행동이 하나로 응축되어 '중립성(neutrality)'이라는 법의 일반적인 특성이 만들어지는 것이다. 이렇게 되면 인종적 소수자들은 법적 생활의 주변부로 밀려날 수밖에 없다.

적어도 비판적 인종 이론가들 가운데 일부는 평등과 자유를 추구하는 전통적인 '권리 담론(rights talk)'의 중요성을 인정하고 있다는 점에서 비판적 인종 이론과 (앞서 살펴본) 고도로 전문화된 포스트모더니즘은 확연히 구분된다. 따라서 사회와 법에 대한 비판적 인종 이론가들의 분석은 어중간해 보일 때가 있다. 이처럼 비판적 인종 이론가들은 권리에 대한 포스트모더니스트들의 반감과 거리를 둠으로써 자유, 평등, 정의와 같은 이상을 적극적으로 받아들이는 듯 보인다. 하지만 비판적 인종 이론가들 중에는 자유주의와 이를 통해 보장하고자 하는 형식적 평등에 대한 깊은 우려를 드러내는 이들도 있고, 개인의 권리를 비롯한 자유주의적 사상에 대한 반감을 내비치는 이들도 있다.[91]

비판적 인종 이론가들은 사회적 관계나 법적 관계를 평가하기 위해 '자서전이나 전기(auto/biography)'를 인용하는 경우가 많다. 예를 들어, 퍼트리샤 윌리엄스(Patricia Williams, 1951~)는 법적 분석과 개인의 이야기를 하나로 모아 법의 주관성(legal subjectivity)을 비판한다. 비판적 인종 이론가들이 보기에, 전통적인 법학자들은 자서전이나 전기에 대해 반감을 품었기 때문에 사회적 관계, 특히 인종차별이나 성차별이 정작 법에 의해 산출됨에도 이를 법과는 동떨어진 것처럼 취급해왔다(그림 12 참조).

비판적 인종 이론가들 가운데는 후기 식민주의(post-colonialism)를 표방하면서, 식민 통치로부터 독립한 사회에서도 인종을 서로 분리하여 특정 인종이 해당 사회를 장악하는 현상이 지속되고 있다는 점을 역설하는 이들도 있다.

12. 1960년대 미국의 민권 운동의 주된 목표였던 입법을 통한 인종차별의 철폐는
결국 실현되었다. Courtesy of the Library of Congress

제 7 장

법을 이해하기:
아주 짧은 후기

이 책의 서두에서 몇 가지 질문을 던진 바 있다. 법이란 무엇인가? 법은 자연에 부합하는 보편적인 도덕 가치들로 구성되는가? 아니면, 법이란 주로 인간이 만든 규칙, 명령, 규범을 한데 모아놓은 것일 따름인가? 정의, 개인의 권리에 대한 보호, 경제적 평등, 정치적 평등, 성 평등, 인종차별 철폐와 같은 것들은 법의 특유한 목적에 해당하는가? 법의 사회적 맥락을 제대로 알지 못해도 법을 이해할 수 있는가? 이러한 질문들은 법철학의 주제 중에서도 일부에 불과하다. 정의에 반하는 법률을 준수할 의무가 있는가? 범죄자를 처벌하는 근거는 어디에 있는가? 법을 통해 환경, 장애인, 동물 등을 더 잘 보호할 수 있는 방도는 무엇인가?

이처럼 서로 연관된 다양한 주제들에 대해 현대 법철학자들 대다수가 큰 관심을 기울인다. 법과 도덕 사이의 관계는 해명하기 어려운 문제로 보이는데, 법철학자들은 이 문제와 계속해서 씨름하고 있다. 법실증주의자들이 논증하고자 하는 바와 같이, 법은 중립적이거나 객관적일 수 있는가? 아니면, 법은 도덕적 가치와 떼려야 뗄 수 없는 관계에 있는가? 법과 도덕을 분석을 통해 완전히 구분해낼 수 있는가? 그렇지 않다면 (오스틴과 벤담, 법현실주의자들, 나아가 이들과 생각을 같이하는 오늘날의) 법실증주의자들이 추구해온 법의 중립성과 객관성은 한낱 달콤한 꿈에 지나지 않는 것인가? (켈젠의 '순수법학'으로 대표되는) '법과학'은 불가능한 기획인가? '국내 법체계'에 집중했던 하트의 연구는 세계화와 다원주의가 두드러지는 오늘날에도 여전히 유용한가? 법에도 목적이 있다면, 무엇이 법의 목적이 될 수 있을까? 이 험난한 세상을 살아가는 우리 모두를 위한 더 나은 정의는 법을 통해 확보될 수 있는가?

쉽게 대답할 수 있는 질문이 하나도 없다. 그러나 바로 이러한 질문을 던지고 숙고하는 과정을 통해 법의 본질과 목적에 대한 이해가 깊어질 수 있고, 그 결과 더욱 정의로운 사회가 보장될지도 모른다. 이만하면 왜 법철학이 필요한지에 대한 설명으로 충분하지 않을까?

역자 후기

　법철학에 이끌려 문자의 텃밭을 일구며 산다. 연필과 공책을 들고 텃밭을 바장거릴수록, 깊이도 넓이도 가늠할 수 없는 수렁 위로 발을 내딛는 것 같아 아찔하다. 아찔하여, 식은땀을 흘리기 일쑤다. 식은땀은 텃밭을 거듭 적셔 어느 날 욕망의 꽃을 피웠다. 꽃은 법철학의 깊이와 넓이를 한눈에 조망할 수 있는 '지도'를 꿈꿨다. 꿈꾸는 꽃은 지지 않고 수년을 하늘거렸다. 산들바람이 텃밭에 난 이랑을 간지럽히던 어느 가을 아침, *Philosophy of Law: A Very Short Introduction* [92]이 꿀벌처럼 날아와 꽃 위로 내려앉았다. 2019년 11월, 이 꿀벌처럼 자그마한 원서를 『법철학』으로 옮기는 필경이 시작된 것이다. 번역을 마치고 나서도 광막한 수렁을 내려다보며 하릴없이 식은

땀을 흘리곤 하지만, 땀방울을 훔치는 동작에 약간의 여유가 붙게 되었음을 고백한다.

이 책은 법철학의 전반을 아우르는 '소축척 지도'를 제시한다. 이 지도에는 크게 네 갈래의 질문이 '범례'처럼 붙어 있다. 첫번째 질문은 '**법이란 무엇인가**'이다. 여기에 응답한 적 있는 유명한 자연법론자들(1장)과 법실증주의자들(2장)이 차례로 소환된다. 물론 현대 법철학의 거장 로널드 드워킨의 기여를 빼놓을 수 없다(3장). 두번째 질문은 '(법의 핵심 개념에 해당하는) **권리와 정의란 무엇인가**'이다. 권리론과 정의론을 정립한 대가들이 잇달아 초대된다(4장). 세번째 질문은 '**법만 들여다본다고 법을 이해할 수 있는가**'이다. 사회학의 렌즈로 법을 관찰한 학자들, 특히 독일과 프랑스의 저명한 이론가들이 줄줄이 호명된다(5장). 네번째 질문은 '**기존의 법과 법학으로 충분한가**'이다. 법 자체에 대한 비판적 음미, 나아가 법과 법학이 나아갈 새로운 방향을 제시하는 목소리가 연달아 메아리친다(6장).

이 책의 저자 레이먼드 웍스는 현재 홍콩대학교 법철학 명예교수이다. 2001년 대학 강단에서 물러났지만, 지금도 영국의 스탬퍼드에 머물며 학문적 열정을 지며리 발산하고 있다. 최근에는 새로운 책 『코로나19와 디지털 시대의 공공 정책 COVID-19 and Public Policy in the Digital Age』[93]을 출간했다. 웍스 교수는 1946년 남아프리카 공화국에서 태어나 악명 높은 인종 차별 정책을 몸소 경험했고(이 시절의 체험을 비판적으로 녹여낸 소설 『하얀 거짓말White Lies』[94]이 2010년에 출간되었다), 넬슨 만델라가 입학했던 비트바테르스란트대학교를 졸업한 후 영국으로 유학을 떠나 옥스퍼드대학교에서 배우고 가르쳤다(이 책의 원서가 속한 입문서 시리즈는 옥스퍼드대학교 출판부에서 기획한 것이다). 이 책 『법철학』은 2006년 출간된 초판의 2014년 개정판으로, 웍스 교수의 주저라 할 수 있는 『법이론의 이해Understanding Jurisprudence: An Introduction to Legal Theory』[95]를 얄따랗게 간추린 버전이다(웍스 교수는 역자에게 2020년 11월경 『법이론의 이해』 제6판이 출간될 예정임을 이메일로 알려주었다). 따라서 법철학에 대한 더욱 정치한 '대축척 지도'를 구하고픈 독자들은 『법이론의 이해』를 찾아 읽어보면 좋겠다.

『법철학』에는 그 원문만으로는 독자가 저자의 의도를 곧바로 간취하기 어려워 보이는 곳이 없지 않다. 그러한 지점은 『법이론의 이해』의 관련 부분을 참고하여 조금 풀어 옮겼다. 나아가 『법철학』에서 인용된 문헌을 대부분 직접 찾아 읽음으로써 오역 가능성을 배제하고자 고심했다. 또 이 책이 입문서라는 점을 고려하여 한국 학계에서 일반적으로 통용되는 역어를 택하고자 했고, 역자의 주관이나 소신이 번역에 묻어나지 않도록 경계했다. 그럼에도 역자의 천학비재(淺學菲才)로 말미암아 오역의 혐의가 완전히 풀릴 수는 없을 것이다. 시간이 흘러 구체적인 혐의가 하나둘 밝혀진다면, 이를 서슴없이 열거하여 사죄의 이유로 삼고자 한다.

　만일 웍스 교수가 이른바 '영미권 법철학자'이기 때문에 이 책의 시각에 얼마간 맹점이 있으리라는 의심을 품은 독자가 있다면, 이 책을 무작정 밀쳐낼 것이 아니라 독일의 법철학자 쿠르트 젤만(Kurt Seelmann, 1947~)이 쓴 『법철학 Rechtsphilosophie』[96]을 함께 읽어보기를 권한다. 웍스 교수와 동갑내기나 다름없는 젤만 교수는 크게 두 가지 질문을 범례로 세워놓고 지도를 만들었다. 즉 젤만 교수의 『법철학』은 '법이란 무엇인가?'와 '법은 법률 이외의 전제에도 구속되는가?'에 대한 체계적인 응답이다. 법철학의 주요 논점을 현대 법철학의 두 거장이 어떠한 기준으로, 또 어디에다 배치하는지를 비교해보는 즐거움을 만끽할 수 있을 터이다.

　만일 웍스 교수의 『법철학』에서 거명되는 학자들이 낯설어 몰입에 방해를 받는 독자가 있다면, 오세혁 교수가 집필한 『법철학사』[97]를 사전처럼 나란히 펼쳐놓고 읽어보기를 권한다. 『법철학』을 읽다가 잘 모르는 이름이 나오면 『법철학사』의 끄트머리에 붙은 '인명 색인'에서 그 이름을 찾아 본문의 해당 부분을 훑어보면 시나브로 친숙함을 느끼게 될 것이다. 이를테면 이 책의 6장 말미에 등장하는 미국의 심리학자 '캐럴 길리건'이 영 낯선 독자가 있다면, 『법철학사』의 인명 색인에서 '길리건'을 찾고 해당 색인이 가리키는 본문 414쪽을 펼쳐봄으로써 길리건의 핵심 저서나 주된 관심사를 개략적으로 확인해볼 수 있을 것이다.

만일 『법철학』의 전반부, 즉 자연법론(1장), 법실증주의(2장), 드워킨의 법철학(3장)에 대한 서술을 구체적인 논쟁을 실마리 삼아 다시 한번 음미해보고 싶은 독자가 있다면, 장영민 교수가 쓴 「하트·풀러 논쟁 50년 회고」[98]를 읽어보면 좋겠다. 이 논문의 주제는 법실증주의자 하트와 자연법론자 풀러가 20세기 후반에 일으킨 '화약 냄새 나지 않는 전쟁'이다. 이 논쟁은 옥스퍼드대학교 법철학 교수와 하버드대학교 법철학 교수의 '디스 배틀'로 관전할 수도 있고, 1961년에 출간된 『법의 개념』[99]과 1964년에 출간된 『법의 도덕성』[100] 간의 충돌로 축소시켜 볼 수도 있겠다. 아무튼 이 논문에는 하트·풀러 논쟁의 대차대조표가 얼맞게 정리되어 있어, 『법철학』의 서술과 비교하며 읽으면 그 재미가 배가될 것이다.

만일 『법철학』에 등장하는 세부 주제를 깊이 있게 서술한 국내 학술 논문을 찾아 읽고 싶은 독자가 있다면, '한국법철학회'의 홈페이지(www.kalp.kr)에 방문해볼 것을 추천한다. 홈페이지의 초기 화면에 보이는 '발간현황' 배너를 클릭하면, 한국법철학회의 학술지 〈법철학연구〉에 게재된 대부분의 논문을 내려받을 수 있다. 예를 들어, 이 책의 4장에 등장하는 '웨슬리 호펠드의 권리론'에 대해 더 상세한 해설을 접하고 싶은 독자는 이 홈페이지의 발간현황에 들어가 김도균 교수의 「권리담론의 세 차원: 개념분석, 정당화, 제도화」[101]나 김연미 교수의 「법적 권리범주의 확장」[102]을 내려받아 읽으면 되겠다.

이 책을 번역하는 과정에서 몇 가지 의문이 생겨 웍스 교수께 몇 차례 이메일을 보내게 되었다. 웍스 교수는 이 책의 문맥에 관한 아주 친절한 설명은 물론 적절한 번역을 위한 대안까지 고민해주셨다. 특히 『법철학』의 원서가 초판에서 제2판으로 증보되는 과정에서 오류나 중복이 약간 발생했는데, 이러한 부분은 역자가 웍스 교수와의 논의를 통해 고쳐 번역했음을 밝혀둔다. 웍스 교수께 이 자리를 빌려 심심한 감사를 표한다.

역자의 박사과정 지도교수이신 윤재왕 선생님은 번역 초고를 일독해주시고 다시 고민해야 할 지점을 하나하나 표시해주셨다. 20년에 가까운 독일 유학을 마치고 고려대학교에 부임하신 선생님의 연구실에는 10년이 넘도록 새벽 5시면 불이 켜진다. 자백하건대, 밤새 술을 마시고 동틀 무렵 교정을 휘돌던 역자는 홀로 빛나는 신법학관 5층 연구실 창문을 보고 얼굴을 붉히곤 했다. 선생님께 졸역을 계기로 존경과 감사의 인사를 올린다.

교유서가에서 이 책의 번역을 준비할 수 있어서 다행이었다. 신정민 대표께 특별히 감사드린다. 동문수학하는 강영선 석사도 원문과 더불어 번역 초고를 정독한 후 귀중한 의견을 들려주었다. 고맙고 든든하다. 한 권의 책을 출간하듯 역자를 낳아 도덕과 양심을 힘겹게 새겨주신 부모님께도 뒤늦게 감사드린다.

나의 아내 다정의 사랑과 격려와 지원이 없었다면 이 책의 번역을 마칠 수 없었을 것이다. 한없이 고맙다. 다정의 말은 나에게, 헌법이다.

주

1. Alessandro Passerin d'Entrèves, *Natural Law: An Introduction to Legal Philosophy*, 2nd edn (London: Hutchinson, 1970), p. 116.

2. John Finnis, *Natural Law and Natural Rights*, 2nd edn (Oxford: Oxford University Press, 2011), p. 3.

3. Marcus Tullius Cicero, *On the Republic (De Re Publica)*, trans. Clinton W. Keyes (London: William Heinemann, 1928), 3.22.33. 〔마르쿠스 툴리우스 키케로, 『국가론』, 김창성 옮김, 한길사, 2007, 제3권 제22장 제33절.〕

4. St Augustine, *City of God (De Civitate Dei)*, trans. W. C. Greene (London: William Heinemann, 1960) (Loeb Classical Library), 4.4. 〔아우구스티누스, 『신국론』1, 김광채 옮김, 아우룸, 2017, 제4권 제4장.〕

5. St Thomas Aquinas, *Summa Theologiae* in *Selected Political Writings*, trans. J. G. Dawson, ed. A. Passerin D'Entrèves (Oxford: Basil Blackwell, 1970 reprint of 1959 edn), I/II.96.4. 〔토마스 아퀴나스, 『법』(토마스 아퀴나스 신학대전 28), 이진남 옮김, 바오로딸, 2020.〕

6. Thomas Hobbes, *Leviathan or The Matter, Forme and Power of a Commonwealth Ecclesiasticall and Civil*, ed. Michael Oakeshott (Oxford: Basil Blackwell, 1960). 〔토머스 홉스, 『리바이어던: 교회국가 및 시민국가의 재료와 형태 및 권력』1 · 2, 진석용 옮김, 나남출판, 2008.〕

7. John Locke, *Two Treatises of Government*, ed. Peter Laslett (Cambridge: Cambridge University Press, 1964). 〔존 로크, 『통치론』, 강정인 · 문지영 옮김, 까치, 1996.〕

8. Jean-Jacques Rousseau, *The Social Contract and Discourses*, trans. George Douglas Howard Cole, revised J. H. Brumfitt & J. C. Hall (London: Dent, 1973). 〔장 자크 루소, 『사회계약론』, 김영욱 옮김, 후마니타스, 2018〕.

9. David Hume, *A Treatise of Human Nature*, ed. Lewis Amherst Selby-Bigge, 3rd edn revised by P. H. Nidditch (Oxford: Clarendon Press, 1978). 〔데이비드 흄, 『인간이란 무엇인가: 오성 · 정념 · 도덕 본성론』, 김성숙 옮김, 동서문화사, 2009.〕

10. Lon Luvois Fuller, *The Morality of Law*, rev edn (New Haven, Conn and London: Yale University Press, 1969). 〔론 풀러, 『법의 도덕성』, 박은정 옮김, 서울대학교출판문화원, 2015.〕

11. John Finnis, *Natural Law and Natural Rights*, 2nd edn (Oxford: Oxford University Press, 2011), pp. 219 – 20. 강조는 저자.

12. *Ibid*, p. 225.

13. *Ibid*, p. 34.

14. Ronald Dworkin, *Life's Dominion: An Argument about Abortion and Euthanasia, and Individual Freedom* (London: HarperCollins, 1993), p. 4. 〔로널드 드워킨, 『생명의 지배영역: 낙태, 안락사, 그리고 개인의 자유』, 박경신 · 김지미 옮김, 로도스, 2014, 41쪽.〕

15. *Roe v. Wade*, 410 U.S. 113 (1973). 〔1969년 원치 않은 임신을 하게 된 '노마 맥코비(Norma McCorvey)'라는 20대 여성이 자신이 살고 있던 미국 텍사스주 델라스 카운티의 검사 '헨리 웨이드(Henry Wade)'를 상대로 낙태를 금지하는 텍사스주 형법의 조항이 미국 헌법에 위배된다는 취지의 심판을 법원에 청구했다. 법원은 당시 맥코비의 신변을 보호하고자 맥코비에게 "제인 로우(Jane Roe)"라는 가명을 붙여주었다. 그래서 이 사건을 "Roe v. Wade"로 부른다. 그 뒤에 표기된 "410 U.S. 113 (1973)"은 "United States Reports"라는 판례집의 제410권 113쪽에 이 사건에 대한 연방대법원 판결이 수록되어 있으며, 해당 판결이 1973년에 선고되었다는 의미이다 ― 옮긴이〕

16. *Airedale National Health Service Trust v. Bland* [1993] AC 789. 〔영국에서는 대법원(Supreme Court)이 2009년 10월부로 출범하기 전까지 입법부에 해당하는 상원의 상소위원회(Appellate Committee of the House of Lords)가 최고법원의 기능을 담당했다. 영국에서는 사법부의 독립이 21세기에 들어서야 제도적으로 정착된 셈이다. 1993년에 선고된 이 판결은 당연히 상원의 상소위원회에서 선고되었다. 저자는 본문에서 이러한 역사에 관한 별다른 언급 없이 이 판결을 "법원"의 "법관"들이 선고한 것으로 서술하고 있는데, 이는 '법철학

입문서'에서 굳이 짚고 넘어갈 사항은 아니라고 판단했기 때문일 것이다. 참고
로, 이 판결은 한국의 헌법재판소 2009. 11. 26. 선고 2008헌마385 전원재판부
결정에도 인용되었다―옮긴이〕

17. *Cruzan v. Director, Missouri Department of Health*, 497 U.S. 261 (1990).

18. H. L. A. Hart, *The Concept of Law*, 3nd edn with introduction and notes
   by Leslie Green, and postscript ed. Joseph Raz & Penelope A. Bulloch
   (Oxford: Clarendon Press, 2012), p. 210. 〔허버트 하트, 『법의 개념』, 오병
   선 옮김, 아카넷, 2001.〕

19. John Austin, *The Province of Jurisprudence Determined and the Uses of
   the Study of Jurisprudence* (London: Weidenfeld & Nicolson, 1954).

20. Jeremy Bentham, *Of Laws in General*, ed. H. L. A. Hart (London:
   Athlone Press, 1970), pp. 170-6.

21. Scott J. Shapiro, *Legality* (Cambridge, MA: Belknap Press of Harvard
   University Press, 2011), p. 389.

22. John Austin, *The Province of Jurisprudence Determined*, ed. Wilfrid E.
   Rumble (Cambridge: Cambridge University Press, 1995), p. 170 참조.

23. H. L. A. Hart, *Op. cit.* 〔허버트 하트, 앞의 책.〕

24. Ronald Dworkin, *Justice in Robes* (Cambridge, Mass and London:
   Harvard University Press, 2006), p. 34. 〔로널드 드워킨, 『법복 입은 정의』,
   이민열 옮김, 길, 2019.〕

25. H. L. A. Hart, *Op. cit*, p. 113. 〔허버트 하트, 앞의 책.〕

26. H. L. A. Hart, *Op. cit*, p. 57. 〔허버트 하트, 앞의 책.〕

27. Hans Kelsen, *Pure Theory of Law (Reine Rechtslehre)*, trans. Max Knight,
   (Berkeley, CA: University of California Press, 1967). 〔한스 켈젠, 『순수법
   학』(제2판), 변종필 · 최희수 옮김, 길안사, 1999; 한스 켈젠, 『순수법학』(제1
   판), 윤재왕 옮김, 박영사, 2018.〕

28. *Ibid*, p. 47. 〔한스 켈젠, 위의 책(제2판); 한스 켈젠, 위의 책(제1판).〕

29. *Ibid*, p. 201. 〔한스 켈젠, 위의 책(제2판); 한스 켈젠, 위의 책(제1판).〕

30. *Ibid*, p. 217. 〔한스 켈젠, 위의 책(제2판); 한스 켈젠, 위의 책(제1판).〕

31. Joseph Raz, *The Authority of Law* (Oxford: Oxford University Press, 1979), p. 37 이하.

32. Neil MacCormick, *Institutions of Law: An Essay in Legal Theory* (Oxford: Oxford University Press, 2007), p. 305.

33. Ronald Dworkin, *Justice for Hedgehogs* (Cambridge, MA: Harvard University Press, 2011), p. 414. 〔로널드 드워킨, 『정의론』, 박경신 옮김, 민음사, 2015.〕

34. Ronald Dworkin, *Law's Empire* (Cambridge, MA: Harvard University Press, 1986), p. 239. 〔로널드 드워킨, 『법의 제국』, 장영민 옮김, 아카넷, 2004.〕

35. Ronald Dworkin, *Op. cit* (1986), p. 413. 〔로널드 드워킨, 앞의 책, 2004.〕

36. Ronald Dworkin, *Taking Rights Seriously* (London: Duckworth, 1978), pp. 24-26. 〔로널드 드워킨, 『법과 권리』, 염수균 옮김, 한길사, 2010.〕

37. *Ibid*, p. 22. 〔로널드 드워킨, 같은 책.〕

38. *Ibid*, pp. 116-7. 〔로널드 드워킨, 같은 책.〕

39. Stephen Guest, *Ronald Dworkin*, 3rd edition (Stanford, CA: Stanford Law Book, 2013), p. 1.

40. Ronald Dworkin, *Op. cit* (1978), vii. 〔로널드 드워킨, 앞의 책, 2010.〕

41. Ronald Dworkin, *Op. cit* (1986), p. 87. 강조는 저자. 〔로널드 드워킨, 앞의 책, 2004.〕

42. *Ibid*, pp. 95-6. 강조는 저자. 〔로널드 드워킨, 같은 책.〕

43. Ronald Dworkin, 'Hart's Postscript and the Character of Political Philosophy', *Oxford Journal of Legal Studies* 24, 2004, pp. 1-37.

44. Isaiah Berlin, *The Hedgehog and the Fox: An Essay on Tolstoy's View of History*, 2nd edn (NJ: Princeton University Press, 2013), pp. 1-2. 〔이사야 벌린, 『고슴도치와 여우: 우리는 톨스토이를 무엇이라 부르는가』, 강주헌 옮김, 애플북스, 2010.〕

45. Ronald Dworkin, *Op. cit* (2011), p. 17. 강조는 저자. 〔로널드 드워킨, 앞의 책, 2015.〕

46. *Ibid*, p. 419-420. 〔로널드 드워킨, 같은 책.〕

47. Wesley N. Hohfeld, *Fundamental Legal Conceptions as Applied in Judicial Reasoning*, ed. Walter W. Cook (New Haven, CN, and London: Yale University Press, 1919), p. 36.

48. Ronald Dworkin, *Op. cit* (2011), p. 224. 〔로널드 드워킨, 앞의 책, 2015.〕

49. James Griffin, *On Human Rights* (Oxford: Oxford University Press, 2008), pp. 14-15.

50. John Ladd, 'Introduction', in: John Ladd (ed.), *Ethical Relativism* (Belmont, CA: Wadsworth, 1973), p. 2.

51. Jeremy Bentham, *An Introduction to the Principles of Morals and Legislation*, in: J. H. Burns and H. L. A. Hart (eds), *The Collected Works of Jeremy Bentham* (London: Athlone Press, 1970), chap. 1, para. 1. 〔제러미 벤담, 『도덕과 입법의 원칙에 대한 서론』, 강준호 옮김, 아카넷, 2013.〕

52. 이 무인도 이야기는 Nigel Simmonds, *Central Issues in Jurisprudence*, 3rd edn (London: Sweet & Maxwell, 2008), p. 26을 참고했음.

53. H. L. A. Hart, 'Between Utility and Rights', in: H. L. A. Hart, *Essays in Jurisprudence and Philosophy* (Oxford: Clarendon Press, 1983), pp. 200-2.

54. John Rawls, *A Theory of Justice* (Cambridge, MA: Harvard University Press, 1999), p. 266. 〔존 롤스, 『정의론』, 황경식 옮김, 이학사, 2003.〕

55. *Ibid*, p. 63. 〔존 롤스, 같은 책.〕

56. John Rawls, *Political Liberalism* (New York: Columbia University Press,

1993). 〔존 롤스, 『정치적 자유주의』, 장동진 옮김, 동명사, 2016.〕

57. Émile Durkheim, *The Division of Labour in Society (De la division du travail social)*, trans. George Simpson (London: Collier-Macmillan, 1964), p. 96. 〔에밀 뒤르켐, 『사회분업론』, 민문홍 옮김, 아카넷, 2012.〕

58. Max Weber, *Economy and Society: An Outline of Interpretive Sociology*, ed. Guenther Roth & Claus Wittich (London: University of California Press, 1978), p. 656.

59. *Ibid*, p. 720.

60. *Ibid*, p. 795 이하.

61. Max Weber, *The Religion of China: Confucianism and Taoism*, trans. and ed. Hans H. Gerth (Glencoe, IL: The Free Press, 1951), p. 149.

62. Max Weber, *Op. cit* (1978), pp. 215-227.

63. *Ibid*, p. 225.

64. Karl Marx, 'Preface to a Contribution to the Critique of Political Economy', in: *Early Writings*, ed. Lucio Colletti (Harmondsworth: Penguin Books/NLB, 1975), p. 425. 〔카를 마르크스, 「부록 II: 정치경제학 비판 서설」, 『정치경제학 비판을 위하여』, 김호균 옮김, 중원문화, 2012.〕

65. Karl Marx & Friedrich Engels, *Manifesto of the Communist Party*, trans. Samuel Moore, in: *Collected Works*, Vol 6 (London: Lawrence and Wishart, 1976). 〔카를 마르크스 · 프리드리히 엥겔스, 『공산당 선언』, 이진우 옮김, 책세상, 2018.〕

66. Isaac Balbus, 'Commodity Form and Legal Form: An Essay on the "Relative Autonomy of the Law"', *Law and Society Review* 11, 1977, p. 583.

67. Karl Marx, 'On the Jewish Question', in: David McLellan (ed.), *Karl Marx: Selected Writings* (Oxford: Oxford University Press, 1977). 〔카를 마르크스, 『유대인 문제에 관하여』, 김현 옮김, 책세상, 2015.〕

68. Karl Marx, *Theories of Surplus-value (Theorien über den Mehrwert)*, Part I, trans. Emile Burns, ed. S. Ryazanskaya (Moscow: Progress Publisher, 1969), p. 389.

69. Edward Palmer Thompson, *Whigs and Hunters* (Harmondworth: Penguin, 1975), p. 266.

70. Michel Foucault, *Discipline and Punish (Surveiller et punir: Naissance de la prison)*, trans. Alan Sheridan (Harmondsworth: Penguin, 1977), p. 167. 〔미셸 푸코, 『감시와 처벌』(번역개정 2판), 이규원 옮김, 나남출판사, 2020.〕

71. Oliver Wendell Holmes, Jr., 'The Path of the Law', *Harvard Law Review* 10, 1897, pp. 457–78. 〔올리버 웬들 홈스, 「법의 길」, 신동룡·권경휘 옮김, 〈연세법학연구〉 제12권 제1호(2005), 237~60쪽; 올리버 웬들 홈스, 「법의 길」, 조국 옮김, 〈법과 사회〉 제49호(2015), 241~69쪽.〕

72. Brian Leiter, *Naturalizing Jurisprudence: Essays on American Legal Realism and Naturalism in Legal Philosophy* (Oxford: Oxford University Press, 2007).

73. *Southern Pacific Company v. Jensen*, 204 U.S. 205, 222 (1917)에서 개진된 대법관 올리버 웬들 홈스의 반대 의견.

74. Karl Llewellyn, 'A Realistic Jurisprudence—The Next Step', *Columbia Law Review* 30, 1930, p. 431.

75. Karl Llewellyn, 'Some Realism about Realism—Responding to Dean Pound', *Harvard Law Review* 44, no. 8, 1931, pp. 1236–8.

76. Karl Llewellyn, *The Common Law Tradition: Deciding Appeals* (Boston, MA: Little, Brown & Co., 1960), pp. 37–8.

77. Jerome Frank, *Law and the Modern Mind* (New York: Coward-McCann, 1930), xiii.

78. Robert Summers, *Instrumentalism and American Legal Theory* (Ithaca, NY and London: Cornell University Press, 1982), p. 20.

79. Bruce Ackerman, *Reconstructing American Law* (Cambridge, Mass.: Harvard University Press, 1984).

80. Brian Leiter, 'Legal Realism and Legal Positivism Reconsidered', in: Brian Leiter, *Naturalizing Jurisprudence: Essays on American Realism and Naturalism in Legal Philosophy* (Oxford: Oxford University Press, 2007), pp. 59-81.

81. David M. Trubek, 'Where the Action Is: Critical Legal Studies and Empiricism', *Stanford Law Review* 36, 1984, pp. 575-622.

82. Jean-François Lyotard, *The Postmodern Condition: A Report on Knowledge* (Manchester: Manchester University Press, 1984). 〔장프랑수아 리오타르, 『포스트모던의 조건』, 유정완 옮김, 민음사, 2018.〕

83. Catharine MacKinnon, 'Feminism, Marxism, Method, and the State: Toward Feminist Jurisprudence', *Signs* 8, no. 4, 1983, pp. 635-658.

84. Frances Olsen, 'Feminism and Critical Legal Theory: An American Perspective', *International Journal of the Sociology of Law* 18, 1990, pp. 199-215.

85. Ann Scales, 'The Emergence of Feminist Jurisprudence: An Essay', *Yale Law Journal* 95, 1986, pp. 1373-1403.

86. Katharine T. Bartlett, 'Feminist Legal Methods', *Harvard Law Review* 103, 1989, pp. 829-888.

87. Drucilla Cornell, 'The Doubly-Prized World: Myth, Allegory and the Feminine', *Cornell Law Review* 75, 1990, pp. 644-699.

88. Katharine T. Bartlett, *Op. cit.*

89. Catharine MacKinnon, 'Pornography: Not a Moral Issue', *Women's Studies International Forum* 9(1), 1986, pp. 63-78.

90. Neil Duxbury, *Patterns of American Jurisprudence* (Oxford: Clarendon Press, 1995), p. 509.

91. Richard Delgado & Jean Stefanic, 'Critical Race Theory: An Annotated Bibliography', *Virginia Law Review* 79, 1993, pp. 461-516.

92. Raymond Wacks, *Philosophy of Law: A Very Short Introduction*, 2nd Edition (Oxford University Press, 2014).

93. Andrea Monti & Raymond Wacks, *COVID-19 and Public Policy in the Digital Age* (Routledge India, 2020).

94. Raymond Wacks, *White Lies* (Lulu.com, 2010).

95. Raymond Wacks, *Understanding Jurisprudence: An Introduction to Legal Theory*, 5th Edition (Oxford University Press, 2017).

96. Kurt Seelmann, *Rechtsphilosophie*, 4. Auflage (C. H. Beck, 2007). 〔크루트 젤만, 『법철학』(제2판), 윤재왕 옮김, 세창출판사, 2010.〕 참고로, 이 책은 제6판(2014년)부터는 다니엘라 뎀코(Daniela Demko) 교수와의 공저로 출간되고 있으며, 2019년에 제7판이 출간되었다.

97. 오세혁, 『법철학사』(제2판), 세창출판사, 2012.

98. 장영민, 「하트 · 풀러 논쟁 50년 회고」, 〈법학논집〉 11(2), 2007, 3~34쪽.

99. H. L. A. Hart, *Op. cit.* 〔허버트 하트, 앞의 책.〕

100. Lon Luvois Fuller, *Op. cit.* 〔론 풀러, 앞의 책.〕

101. 김도균, 「권리담론의 세 차원: 개념분석, 정당화, 제도화」, 〈법철학연구〉 7(1), 2004, 181~210쪽.

102. 김연미, 「법적 권리범주의 확장」, 〈법철학연구〉 7(1), 2004, 211~248쪽.

독서안내

1장 자연법론

Finnis, J., *Natural Law and Natural Rights* (2nd edn, Oxford: Clarendon Press, 2011).

_____ (ed.), *Natural Law* (in 2 vols, Aldershot: Dartmouth, 1991).

_____ 'Natural Law: The Classical Tradition', in Jules Coleman and Scott Shapiro (eds), *The Oxford Handbook of Jurisprudence and Philosophy of Law* (Oxford: Oxford University Press, 2002).

Fuller, L. L., *The Morality of Law* (rev. edn, Yale: Yale University Press, 1969).

George, Rt P., *In Defense of Natural Law* (Oxford: Oxford University Press, 1999).

_____ *Conscience and its Enemies: Confronting the Dogmas of Liberal Secularism* (London: ISI Books, 2013).

Passerin D'Entreves, A., *Natural Law: An Introduction to Legal Philosophy* (2nd edn, London: Hutchinson, 1970).

2장 법실증주의

Austin, J., *The Province of Jurisprudence Determined and the Uses of the Study of Jurisprudence* (London: Weidenfeld & Nicolson, 1954).

Bentham, J., *A Fragment on Government; or, A Comment on the Commentaries* (2nd edn, London: W. Pickering, 1823).

_____ *An Introduction to the Principles of Morals and Legislation*, ed. J. H. Burns and H. L. A. Hart (London: Athlone Press, 1970).

Bentham, J., *Of Laws in General*, ed. H. L. A. Hart (London: Athlone Press, 1970).

Coleman, J. (ed.), *Hart's Postscript: Essays on the Postscript to The Concept of Law* (Oxford: Oxford University Press, 2001).

_____ *The Practice of Principle: In Defence of A Pragmatic Approach to Legal Theory* (Oxford: Oxford University Press, 2001).

George, Robert P. (ed.), *The Autonomy of Law: Essays on Legal Positivism* (Oxford: Clarendon Press, 1995).

Hart, H. L. A., *Essays on Bentham: Studies on Jurisprudence and Political Theory* (Oxford: Clarendon Press, 1982).

_____ *The Concept of Law* (3nd edn with introduction and notes by L. Green, and postscript ed. J. Raz, and P. A. Bulloch, Oxford: Clarendon Press, 2012).

Himma, K. E. 'Inclusive Legal Positivism', in Jules Coleman and Scott Shapiro (eds), *The Oxford Handbook of Jurisprudence and Philosophy of Law* (Oxford: Oxford University Press, 2002).

Jori, M. (ed.), *Legal Positivism* (Aldershot: Dartmouth: The International Library of Jurisprudence, 1992).

Kelsen, H., *General Theory of Law and State*, trans. Anders Wedberg (Cambridge, MA: Harvard University Press, 1949).

_____ *Pure Theory of Law*, trans. M. Knight (California: University of California Press, 1967).

_____ *General Theory of Norms*, trans. M. Hartney (Oxford: Clarendon Press, 1991).

_____ *Introduction to the Problems of Legal Theory*, trans. B. Litschewski Paulson and S. L. Paulson (Oxford: Clarendon Press, 1992).

Kramer, M., *In Defense of Legal Positivism: Law without Trimmings* (Oxford: Oxford University Press, 1999).

Marmor, A., 'Exclusive Legal Positivism', in Jules Coleman and Scott Shapiro (eds), *The Oxford Handbook of Jurisprudence and Philosophy of Law* (Oxford: Oxford University Press, 2002).

Morison, W. L., *John Austin* (London: Edward Arnold, 1982).

Postema, G. J., *Bentham and the Common Law Tradition* (Oxford: Clarendon Press, 1986).

Raz, J., *The Authority of Law* (Oxford: Oxford University Press, 1979).

_____ *The Concept of Legal System: An Introduction to the Theory of Legal System* (2nd edn, Oxford: Clarendon Press, 1980).

_____ *The Morality of Freedom* (Oxford: Oxford University Press, 1986).

_____ *Ethics in the Public Domain* (Oxford: Oxford University Press, 1994).

_____ *Practical Reason and Norms* (Oxford: Oxford University Press, 1999).

_____ *Engaging Reason: On the Theory of Value and Action* (Oxford: Oxford University Press, 2000).

_____ *Value, Respect, and Attachment* (Cambridge: Cambridge University Press, 2001).

Shapiro, S. J., *Legality* (Cambridge, MA: Belknap Press of Harvard University Press, 2011).

Tur, R. , and W. Twining (eds), *Essays on Kelsen* (Oxford: Clarendon Press, 1986).

Waldron, J. (ed.), *Nonsense upon Stilts: Bentham, Burke and Marx on the Rights of Man* (London: Methuen, 1987).

Waluchow, W. J., 'Authority and the Practical Difference Thesis: A Defence of Inclusive Legal Positivism', *Legal Theory* 6 (2000): 45, pp. 76–81.

_____ *Inclusive Legal Positivism* (1994).

3장 로널드 드워킨: 법은 도덕과 하나로 통합되어 있다

Cohen, M. (ed.), *Ronald Dworkin and Contemporary Jurisprudence* (London: Duckworth, 1984).

Dworkin, R., *Taking Rights Seriously* (new impression with a reply to critics, London: Duckworth, 1978).

_____ *A Matter of Principle* (Cambridge, MA: Harvard University Press, 1985).

_____ *Law's Empire* (Cambridge, MA: Belknap Press, 1986).

_____ *Life's Dominion: An Argument about Abortion and Euthanasia* (London: HarperCollins, 1993).

_____ *Justice for Hedgehogs* (Cambridge, MA: Harvard University Press, 2011).

Guest, S., *Ronald Dworkin* (3rd edn, Palo Alto, CA: Stanford University Press, 2013).

4장 권리와 정의

권리

Dworkin, R., *Taking Rights Seriously* (new impression with a reply to critics, London: Duckworth, 1978).

Dworkin, R., *A Matter of Principle* (Cambridge, MA: Harvard University

Press, 1985).

Griffin, J., *On Human Rights* (Oxford: Oxford University Press, 2008).

Hohfeld, W. N., *Fundamental Legal Conceptions as Applied in Judicial Reasoning*, ed. W. W. Cook (Yale: Yale University Press, 1964; also in (1913) 23, *Yale Law Journal* 28).

Nussbaum, M., *Frontiers of Justice: Disability, Nationality, Species Membership* (Cambridge, MA: Belknap Press, 2006).

Simmonds, N. E., *Central Issues in Jurisprudence: Law, Justice, Law and Rights* (3rd edn, London: Sweet & Maxwell, 2008).

Waldron, J. (ed.), *Theories of Rights* (Oxford: Oxford University Press, 1984).

White, A. R., *Rights* (Oxford: Clarendon Press, 1984).

정의

Daniels, N. (ed.), *Reading Rawls: Critical Studies on Rawls' A Theory of Justice* (Oxford: Basil Blackwell, 1975).

Hart, H. L. A., 'Between Utility and Rights', in H. L. A. Hart, *Essays in Jurisprudence and Philosophy* (Oxford: Clarendon Press, 1982).

Morawetz, T. (ed.), *Justice* (Aldershot: Dartmouth, 1991).

Nozick, R. T., *Anarchy, State, and Utopia* (Oxford: Basil Blackwell, 1974).

Polinsky, A. M., *An Introduction to Law and Economics* (London: Little, Brown & Co., 1983).

Posner, R. A., *The Economic Analysis of Law* (2nd edn, London: Little, Brown & Co., 1977).

_____ *The Economics of Justice* (Cambridge, MA: Harvard University

Press, 1981).

Rawls, J., *A Theory of Justice* (Oxford: Oxford University Press, 1973).

_____ *Political Liberalism* (New York: Columbia University Press, 1993).

Raz, J., *The Authority of Law: Essays on Law and Morality* (Oxford: Clarendon Press, 1979).

5장 법과 사회

Cain, M., and A. Hunt, *Marx and Engels on Law* (London: Academic Press, 1979).

Campbell, T., *The Left and Rights: A Conceptual Analysis of the Idea of Socialist Rights* (London: Routledge & Kegan Paul, 1983).

Collins, H., *Marxism and Law* (Oxford: Clarendon Press, 1982).

Cotterrell, R., *The Sociology of Law: An Introduction* (London: Butterworths, 1984).

_____ *Law's Community: Legal Theory in Sociological Perspective* (Oxford: Clarendon Press, 1995).

Durkheim, E., *The Division of Labour in Society*, tr. George Simpson (London: Collier-Macmillan, 1964).

Hunt, A., *The Sociological Movement in Law* (London: Macmillan, 1978).

Kronman, A. R., *Max Weber* (London: Edward Arnold, 1983).

Lukes, S., and A. Scull (eds), *Durkheim and the Law* (London: Martin Robertson, 1983).

Marx, K., *Capital*, trans. B. Fowkes and D. Fembach (Harmondsworth: Penguin Books and Random House, 1976).

Weber, M., *The Religion of China: Confucianism and Taoism*, trans. and ed. H. H. Gerth (New York: Free Press, 1951).

_____ *Max Weber on Law in Economy and Society*, ed. M. Rheinstein, trans. E. Shils and M. Rheinstein (Cambridge, MA: Harvard University Press, 1954).

_____ *Economy and Society: An Outline of Interpretive Sociology*, ed. G. R. Roth and C. S Wittich (London: Bedminister Press, 1968).

6장 비판적 법이론

법현실주의

Duxbury, N., *Patterns of American Jurisprudence* (Oxford: Clarendon Press, 1995).

Fisher, W. W., M. J. Horwitz, and T. A. Reed (eds), *American Legal Realism* (Oxford: Oxford University Press, 1993).

Leiter, B., *Naturalizing Jurisprudence: Essays on American Realism and Naturalism in Legal Philosophy* (Oxford: Oxford University Press, 2007).

Llewellyn, K. N., 'Some Realism about Realism', *Harvard Law Review* 44 (1931): 1222.

Olivecrona, K., *Law as Fact* (2nd edn, London: Stevens & Sons, 1971).

Ross, A., *On Law and Justice*, trans. Margaret Dutton (London: Stevens & Sons, 1958).

Rumble, W. E., *American Legal Realism: Skepticism, Reform, and the Judicial Process* (New York: Cornell University Press, 1968).

Twining, W., *Karl Llewellyn and the Realist Movement* (London: Weidenfeld & Nicolson, 1973).

비판법학

Boyle, J. D. A. (ed.), *Critical Legal Studies* (Aldershot: Dartmouth, 1992).

Kairys, D. (ed.), *The Politics of Law: A Progressive Critique* (London: Pantheon Books, 1982).

Kelman, M., *A Guide to Critical Legal Studies* (Cambridge, MA: Harvard University Press, 1987).

Norrie, A. (ed.), *Closure or Critique: New Directions in Legal Theory* (Edinburgh: Edinburgh University Press, 1993).

Unger, R., 'The Critical Legal Studies Movement', *Harvard Law Review* 96 (1983): 561.

_____ *False Necessity: Anti-Necessitarian Social Theory in the Service of Radical Democracy* (Cambridge: Cambridge University Press, 1987).

포스트모던 법이론

Lacan, J., *The Four Fundamental Concepts of Psychoanalysis*, trans. A. Sheridan (Harmondsworth: Penguin, 1979).

Lyotard, J.-F. S., *The Postmodern Condition: A Report on Knowledge* (Manchester: Manchester University Press, 1984).

Patterson, D. (ed.), *Postmodernism and Law* (Aldershot: Dartmouth, 1994).

Rorty, R., *Philosophy and the Mirror of Nature* (Oxford: Basil Blackwell, 1990).

여성주의 법이론

Bartlett, K., 'Tradition, Change, and the Idea of Progress in Feminist

Legal Thought', *Wisconsin Law Review* (1995): 303.

Gilligan, C., *In a Different Voice: Psychological Theory and Women's Development* (Cambridge, MA: Harvard University Press, 1982).

Kingdom, E. F., *What's Wrong with Rights? Problems for Feminist Politics of Law* (Edinburgh: Edinburgh University Press, 1991).

Lacey, N. (ed.), *Unspeakable Subjects: Feminist Essays in Legal and Social Theory* (London: Hart Publishing, 1998).

MacKinnon, C., *Feminism Unmodified: Discourses on Life and Law* (Cambridge, MA: Harvard University Press, 1987).

_____ *Towards a Feminist Theory of the State* (Cambridge, MA: Harvard University Press, 1989).

Olsen, F. E., 'Feminism and Critical Legal Theory: An American Perspective', *International Journal of the Sociology of Law* 18 (1990): 199.

_____ (ed.), *Feminist Legal Theory* (Aldershot: Dartmouth, 1994).

Rhode, D., *Justice and Gender: Sex Discrimination and the Law* (Cambridge, MA: Harvard University Press, 1989).

_____ 'Feminist Critical Theories', *Stanford Law Review* 42 (1990): 617.

Scales, A., 'The Emergence of Feminist Jurisprudence: An Essay', *Yale Law Journal* 95 (1986): 1373.

Smart, P., *Feminist Jurisprudence* (Oxford: Clarendon Press, 1993).

비판적 인종 이론

Delgado, R., and J. Stefanic, 'Critical Race Theory: An Annotated Bibliography' (1993) 79, *Virginia Law Review* 461.

_____ (eds), *Critical White Studies: Looking Behind the Mirror*

(Philadelphia, PA: Temple University Press, 1997).

Harris, A. P., 'Race and Essentialism in Feminist Legal Theory', *Stanford Law Review* 42 (1990): 581.

법철학

PHILOSOPHY OF LAW

초판 1쇄 발행 2021년 2월 25일
초판 3쇄 발행 2023년 11월 1일

지은이 레이먼드 웍스
옮긴이 박석훈

편집 최연희 정소리
디자인 강혜림
저작권 박지영 형소진 최은진 서연주 오서영
마케팅 김선진 배희주
브랜딩 함유지 함근아 김희숙 고보미
    박민재 정승민 배진성
제작 강신은 김동욱 이순호
제작처 한영문화사(인쇄) 한영제책사(제본)

펴낸곳 (주)교유당   **펴낸이** 신정민
출판등록 2019년 5월 24일
    제406-2019-000052호
주소 10881 경기도 파주시 회동길 210
전자우편 gyoyudang@munhak.com
문의전화 031.955.8891(마케팅)
    031.955.2692(편집)
    031.955.8855(팩스)

페이스북 @gyoyubooks
트위터 @gyoyu_books **인스타그램** @gyoyu_books

ISBN 979-11-91278-24-8 03300